TRANZLATY

El idioma es para todos

اللغة للجميع

El Manifiesto Comunista

البيان الشيوعي

Karl Marx
&
Friedrich Engels

Español / العربية

Copyright © 2025 Tranzlaty
All rights reserved.
Published by Tranzlaty
ISBN: 978-1-80572-419-3
Original text by Karl Marx and Friedrich Engels
The Communist Manifesto
First published in 1848
www.tranzlaty.com

Introducción
مقدمة

Un fantasma acecha a Europa: el fantasma del comunismo

شبح يطارد أوروبا ـ شبح الشيوعية

Todas las potencias de la vieja Europa han entrado en una santa alianza para exorcizar este fantasma

دخلت جميع قوى أوروبا القديمة في تحالف مقدس لطرد هذا الشبح.

El Papa y el Zar, Metternich y Guizot, los radicales franceses y los espías de la policía alemana

البابا والقيصر ، مترنيخ وجيزو ، الراديكاليون الفرنسيون وجواسيس الشرطة الألمانية

¿Dónde está el partido en la oposición que no ha sido tachado de comunista por sus adversarios en el poder?

أين هو الحزب المعارض الذي لم يتم شجبه على أنه شيوعي من قبل خصومه في السلطة؟

¿Dónde está la Oposición que no haya devuelto el reproche de marca al comunismo contra los partidos de oposición más avanzados?

أين هي المعارضة التي لم تتخلص من اللوم الشيوعي ضد أحزاب المعارضة الأكثر تقدماً؟

¿Y dónde está el partido que no ha hecho la acusación contra sus adversarios reaccionarios?

وأين هو الحزب الذي لم يوجه الاتهام إلى خصومه الرجعيين؟

Dos cosas resultan de este hecho

هناك أمران ينتج عن هذه الحقيقة

I. El comunismo es ya reconocido por todas las potencias europeas como una potencia en sí misma

الشيوعية معترف بها بالفعل من قبل جميع القوى الأوروبية لتكون هي نفسها قوة

II. Ya es hora de que los comunistas publiquen abiertamente, a la vista de todo el mundo, sus puntos de vista, sus objetivos y sus tendencias

لقد حان الوقت لأن ينشر الشيوعيون علانية ، في مواجهة العالم بأسره، وجهات نظرهم وأهدافهم وميولهم.

deben hacer frente a este cuento infantil del Espectro del Comunismo con un Manifiesto del propio partido

يجب أن يقابلوا هذه الحكاية الحاضنة لشبح الشيوعية ببيان للحزب نفسه

Con este fin, comunistas de diversas nacionalidades se han reunido en Londres y han esbozado el siguiente Manifiesto

تحقيقا لهذه الغاية، اجتمع الشيوعيون من مختلف الجنسيات في لندن ورسموا البيان التالي

El presente manifiesto se publicará en inglés, francés, alemán, italiano, flamenco y danés

ينشر هذا البيان باللغات الإنجليزية والفرنسية والألمانية والإيطالية والفلمنكية والدنماركية

Y ahora se publicará en todos los idiomas que ofrece Tranzlaty

Tranzlaty والآن سيتم نشره بجميع اللغات التي تقدمها

La burguesía y los proletarios
البرجوازية والبروليتاريون

La historia de todas las sociedades existentes hasta ahora es la historia de las luchas de clases

تاريخ جميع المجتمعات القائمة حتى الآن هو تاريخ الصراعات الطبقية

Hombre libre y esclavo, patricio y plebeyo, señor y siervo, maestro de gremio y oficial

حر وعبد، أرستقراطي وعام ، سيد وقنان ،سيد نقابة ورجل رحلة

en una palabra, opresor y oprimido

في كلمة واحدة،ظالم ومظلوم

Estas clases sociales estaban en constante oposición entre sí

وقفت هذه الطبقات الاجتماعية في معارضة دائمة لبعضها البعض

Llevaron a cabo una lucha ininterrumpida. Ahora oculto, ahora abierto

واصلوا قتالا متواصلا. مخفي الآن ،مفتوح الآن

una lucha que terminó en una reconstitución revolucionaria de la sociedad en general

معركة انتهت إما بإعادة تشكيل ثوري للمجتمع ككل

o una lucha que terminó en la ruina común de las clases contendientes

أو معركة انتهت بالخراب المشترك للطبقات المتنافسة

Echemos la vista atrás a las épocas anteriores de la historia

دعونا ننظر إلى الوراء إلى العصور السابقة من التاريخ

Encontramos casi en todas partes una complicada organización de la sociedad en varios órdenes

نجد في كل مكان تقريبا ترتيبا معقدا للمجتمع في أوامر مختلفة

Siempre ha habido una múltiple gradación de rango social

كان هناك دائما تدرج متعدد للرتبة الاجتماعية

En la antigua Roma tenemos patricios, caballeros, plebeyos, esclavos

في روما القديمة لدينا الأرستقراطيين والفرسان والعامة والعبيد

en la Edad Media: señores feudales, vasallos, maestros de gremios, oficiales, aprendices, siervos

في العصور الوسطى :اللوردات الإقطاعيون، التابعون ، سادة النقابات ، الرحالة، المتدربون ،الأقنان

En casi todas estas clases, de nuevo, las gradaciones subordinadas

في جميع هذه الفئات تقريبا، مرة أخرى ،التدرجات الثانوية

La sociedad burguesa moderna ha brotado de las ruinas de la sociedad feudal

لقد نبت المجتمع البرجوازي الحديث من أنقاض المجتمع الإقطاعي

Pero este nuevo orden social no ha eliminado los antagonismos de clase

لكن هذا النظام الاجتماعي الجديد لم يتخلص من العداوات الطبقية.

No ha hecho más que establecer nuevas clases y nuevas condiciones de opresión

لكنها أنشأت طبقات جديدة وظروفا جديدة من الاضطهاد.

Ha establecido nuevas formas de lucha en lugar de las antiguas

لقد أنشأت أشكالا جديدة من النضال بدلا من الأشكال القديمة

Sin embargo, la época en la que nos encontramos posee un rasgo distintivo

ومع ذلك،فإن الحقبة التي نجد أنفسنا فيها تمتلك سمة مميزة واحدة

la época de la burguesía ha simplificado los antagonismos de clase

لقد بسط عصر البرجوازية التناقضات الطبقية

La sociedad en su conjunto se divide cada vez más en dos grandes campos hostiles

المجتمع ككل ينقسم أكثر فأكثر إلى معسكرين معاديين كبيرين

dos grandes clases sociales enfrentadas directamente: la burguesía y el proletariado

طبقتان اجتماعيتان كبيرتان تواجهان بعضهما البعض مباشرة :البرجوازية والبروليتاريا

De los siervos de la Edad Media surgieron los burgueses de las primeras ciudades

من أقنان العصور الوسطى نشأ البرغر المستأجرون في المدن الأولى

A partir de estos burgueses se desarrollaron los primeros elementos de la burguesía

من هذه البرجيس تم تطوير العناصر الأولى للبرجوازية

El descubrimiento de América y el doblamiento del Cabo

اكتشاف أمريكا وتقريب كيب

estos acontecimientos abrieron un nuevo terreno para la burguesía en ascenso

فتحت هذه الأحداث آفاقا جديدة للبرجوازية الصاعدة

Los mercados de las Indias Orientales y China, la colonización de América, el comercio con las colonias

الأسواق الهندية الشرقية والصينية، استعمار أمريكا ، التجارة مع المستعمرات

el aumento de los medios de cambio y de las mercancías en general

الزيادة في وسائل التبادل وفي السلع بشكل عام

Estos acontecimientos dieron al comercio, a la navegación y a la industria un impulso nunca antes conocido

أعطت هذه الأحداث للتجارة والملاحة والصناعة دفعة لم تكن معروفة من قبل

Dio un rápido desarrollo al elemento revolucionario en la tambaleante sociedad feudal

أعطت تطورا سريعا للعنصر الثوري في المجتمع الإقطاعي المترنح

Los gremios cerrados habían monopolizado el sistema feudal de producción industrial

احتكرت النقابات المغلقة النظام الإقطاعي للإنتاج الصناعي

Pero esto ya no bastaba para satisfacer las crecientes necesidades de los nuevos mercados

لكن هذا لم يعد كافيا للاحتياجات المتزايدة للأسواق الجديدة

El sistema manufacturero sustituyó al sistema feudal de la industria

حل نظام التصنيع محل النظام الإقطاعي للصناعة

Los maestros de gremio fueron empujados a un lado por la clase media manufacturera

تم دفع سادة النقابة على جانب واحد من قبل الطبقة الوسطى الصناعية

La división del trabajo entre los diferentes gremios corporativos desapareció

اختفى تقسيم العمل بين نقابات الشركات المختلفة

La división del trabajo penetraba en cada uno de los talleres

اخترق تقسيم العمل كل ورشة عمل واحدة

Mientras tanto, los mercados seguían creciendo y la demanda seguía aumentando

في غضون ذلك، استمرت الأسواق في النمو ،والطلب في ارتفاع مستمر.

Ni siquiera las fábricas bastaban para satisfacer las demandas

حتى المصانع لم تعد كافية لتلبية الطلبات

A partir de entonces, el vapor y la maquinaria revolucionaron la producción industrial

بعد ذلك،أحدث البخار والآلات ثورة في الإنتاج الصناعي

El lugar de la manufactura fue ocupado por el gigante, la Industria Moderna

تم أخذ مكان التصنيع من قبل الصناعة الحديثة العملاقة

El lugar de la clase media industrial fue ocupado por millonarios industriales

تم أخذ مكان الطبقة الوسطى الصناعية من قبل أصحاب الملايين الصناعيين

el lugar de los jefes de ejércitos industriales enteros fue ocupado por la burguesía moderna

تم أخذ مكان قادة الجيوش الصناعية بأكملها من قبل البرجوازية الحديثة

el descubrimiento de América allanó el camino para que la industria moderna estableciera el mercado mundial

اكتشاف أمريكا مهد الطريق للصناعة الحديثة لتأسيس السوق العالمية

Este mercado dio un inmenso desarrollo al comercio, la navegación y la comunicación por tierra

أعطى هذا السوق تطورا هائلا للتجارة والملاحة والاتصالات عن طريق البر

Este desarrollo ha repercutido, en su momento, en la extensión de la industria

وقد تفاعل هذا التطور، في وقته ،مع امتداد الصناعة

Reaccionó en proporción a cómo se extendía la industria, y cómo se extendían el comercio, la navegación y los ferrocarriles

كان رد فعلها متناسبا مع كيفية توسع الصناعة، وكيف امتدت التجارة والملاحة والسكك الحديدية

en la misma proporción en que la burguesía se desarrolló, aumentó su capital

بنفس النسبة التي طورتها البرجوازية،زادوا رؤوس أموالهم

y la burguesía relegó a un segundo plano a todas las clases
heredadas de la Edad Media

ودفعت البرجوازية إلى الخلفية كل طبقة متوارثة من العصور الوسطى

por lo tanto, la burguesía moderna es en sí misma el
producto de un largo curso de desarrollo

لذلك فإن البرجوازية الحديثة هي نفسها نتاج مسار طويل من التطور

Vemos que es una serie de revoluciones en los modos de
producción y de intercambio

نرى أنها سلسلة من الثورات في أنماط الإنتاج والتبادل

Cada paso de la burguesía desarrollista iba acompañado de
un avance político correspondiente

رافق كل خطوة برجوازية تنموية تقدم سياسي مقابل

Una clase oprimida bajo el dominio de la nobleza feudal

طبقة مضطهدة تحت سيطرة النبلاء الإقطاعيين

una asociación armada y autónoma en la comuna medieval

جمعية مسلحة وذاتية الحكم في بلدية العصور الوسطى

aquí, una república urbana independiente (como en Italia y
Alemania)

هنا،جمهورية حضرية مستقلة)كما هو الحال في إيطاليا وألمانيا(

allí, un "tercer estado" imponible de la monarquía (como en
Francia)

هناك، عقار ثالث "خاضع للضريبة من النظام الملكي)كما هو الحال"
في فرنسا(

posteriormente, en el período de fabricación propiamente
dicho

بعد ذلك،في فترة الصنع المناسبة

la burguesía servía a la monarquía semifeudal o a la
monarquía absoluta

خدمت البرجوازية إما الملكية شبه الإقطاعية أو الملكية المطلقة

o la burguesía actuaba como contrapeso contra la nobleza

أو عملت البرجوازية كموازنة مضادة ضد النبلاء

y, de hecho, la burguesía era una piedra angular de las
grandes monarquías en general

وفي الواقع، كانت البرجوازية حجر الزاوية في الملكيات الكبرى بشكل
عام

pero la industria moderna y el mercado mundial se
establecieron desde entonces

لكن الصناعة الحديثة والسوق العالمية رسخت نفسها منذ ذلك الحين

y la burguesía ha conquistado para sí el dominio político
exclusivo

وقد غزت البرجوازية لنفسها نفوذا سياسيا حصريا

logró esta influencia política a través del Estado
representativo moderno

حققت هذا النفوذ السياسي من خلال الدولة التمثيلية الحديثة

Los ejecutivos del Estado moderno no son más que un
comité de gestión

إن المديرين التنفيذيين للدولة الحديثة ليسوا سوى لجنة إدارية

y manejan los asuntos comunes de toda la burguesía

ويديرون الشؤون المشتركة للبرجوازية بأسرها.

La burguesía, históricamente, ha desempeñado un papel
muy revolucionario

لعبت البرجوازية، تاريخيا ،دورا ثوريا

Dondequiera que se impuso, puso fin a todas las relaciones
feudales, patriarcales e idílicas

أينما كانت له اليد العليا، فقد وضع حدا لجميع العلاقات الإقطاعية
والأبوية والشاعرية.

Ha roto sin piedad los abigarrados lazos feudales que unían
al hombre con sus "superiores naturales"

لقد مزقت بلا شفقة الروابط الإقطاعية المتنافرة التي ربطت الإنسان ب
رؤسائه الطبيعيين""

y no ha dejado ningún nexo entre el hombre y el hombre,
más allá del puro interés propio

ولم تترك أي صلة بين الإنسان والإنسان، بخلاف المصلحة الذاتية
المجردة

Las relaciones del hombre entre sí se han convertido en nada
más que un cruel "pago en efectivo"

"أصبحت علاقات الإنسان مع بعضها البعض ليست أكثر من "دفع نقدي
قاس

Ha ahogado los éxtasis más celestiales del fervor religioso

لقد أغرقت أكثر النشوة السماوية من الحماسة الدينية

ha ahogado el entusiasmo caballeresco y el sentimentalismo filisteo

لقد أغرقت الحماس الشهم والعاطفة الفلسطينية

ha ahogado estas cosas en el agua helada del cálculo egoísta

لقد أغرقت هذه الأشياء في المياه الجليدية للحساب الأناني

Ha resuelto el valor personal en valor de cambio

لقد حلت القيمة الشخصية إلى قيمة قابلة للاستبدال

Ha sustituido a las innumerables e imprescriptibles libertades estatutarias

لقد حلت محّل الحريات المستأجرة التي لا تعد ولا تحصى ولا يمكن التخلص منها

y ha establecido una libertad única e inconcebible; Libre cambio

وأقامت حرية واحدة غير معقولة.التجارة الحرة

En una palabra, lo ha hecho para la explotación

في كلمة واحدة،لقد فعلت ذلك للاستغلال

explotación velada por ilusiones religiosas y políticas

استغلال محجوب بالأوهام الدينية والسياسية

explotación velada por una explotación desnuda, desvergonzada, directa, brutal

استغلال محجوب باستغلال عار ووقح ومباشر ووحشي

la burguesía ha despojado de la aureola a todas las ocupaciones anteriormente honradas y veneradas

لقد جردت البرجوازية الهالة من كل احتلال تم تكريمه وتبجيله سابقا

el médico, el abogado, el sacerdote, el poeta y el hombre de ciencia

الطبيب والمحامي والكاهن والشاعر ورجل العلم

Ha convertido a estos distinguidos trabajadores en sus trabajadores asalariados

لقد حولت هؤلاء العمال المتميزين إلى عمالها بأجر

La burguesía ha rasgado el velo sentimental de la familia

لقد مزقت البرجوازية الحجاب العاطفي بعيدا عن الأسرة

y ha reducido la relación familiar a una mera relación monetaria

وقد اختزلت العلاقة الأسرية إلى مجرد علاقة مالية

el brutal despliegue de vigor en la Edad Media que tanto admiran los reaccionarios

العرض الوحشي للقوة في العصور الوسطى التي يعجب بها الرجعيون كثيرا

Aun esto encontró su complemento adecuado en la más perezosa indolencia

حتى هذا وجد مكمله المناسب في الكسل الأكثر كسلا

La burguesía ha revelado cómo sucedió todo esto

لقد كشفت البرجوازية كيف حدث كل هذا

La burguesía ha sido la primera en mostrar lo que la actividad del hombre puede producir

كانت البرجوازية أول من أظهر ما يمكن أن يحققه نشاط الإنسان

Ha logrado maravillas que superan con creces las pirámides egipcias, los acueductos romanos y las catedrales góticas

لقد أنجزت عجائب تفوق بكثير الأهرامات المصرية والقنوات الرومانية والكاتدرائيات القوطية

y ha llevado a cabo expediciones que han hecho sombra a todos los antiguos Éxodos de naciones y cruzadas

وقد أجرت حملات وضعت في الظل جميع هجرات الأمم والحروب الصليبية السابقة

La burguesía no puede existir sin revolucionar constantemente los instrumentos de producción

لا يمكن للبرجوازية أن توجد دون إحداث ثورة مستمرة في أدوات الإنتاج

y, por lo tanto, no puede existir sin sus relaciones con la producción

وبالتالي لا يمكن أن توجد بدون علاقاتها بالإنتاج

y, por lo tanto, no puede existir sin sus relaciones con la sociedad

وبالتالي لا يمكن أن توجد بدون علاقاتها بالمجتمع

Todas las clases industriales anteriores tenían una condición en común

كان لدى جميع الفئات الصناعية السابقة شرط واحد مشترك

Confiaban en la conservación de los antiguos modos de producción

اعتمدوا على الحفاظ على أنماط الإنتاج القديمة

pero la burguesía trajo consigo una dinámica completamente nueva

لكن البرجوازية جلبت معها ديناميكية جديدة تماما.

Revolucionar constantemente la producción y perturbar ininterrumpidamente todas las condiciones sociales

ثورة مستمرة في الإنتاج واضطراب مستمر لجميع الظروف الاجتماعية

esta eterna incertidumbre y agitación distingue a la época burguesa de todas las anteriores

هذا الغموض والهياج الأبدي يميز عصر البرجوازية عن جميع الحقبة السابقة.

Las relaciones previas con la producción vinieron acompañadas de antiguos y venerables prejuicios y opiniones

جاءت العلاقات السابقة مع الإنتاج مع التحيزات والآراء القديمة والموقرة

Pero todas estas relaciones fijas y congeladas son barridas

لكن كل هذه العلاقات الثابتة والمجمدة بسرعة قد جرفت

Todas las relaciones recién formadas se vuelven anticuadas antes de que puedan osificarse

تصبح جميع العلاقات الجديدة قديمة قبل أن تتحجر

Todo lo que es sólido se derrite en el aire, y todo lo que es santo es profanado

كل ما هو صلب يذوب في الهواء،وكل ما هو مقدس يدنس

El hombre se ve finalmente obligado a afrontar con sus sentidos sobrios sus verdaderas condiciones de vida

يضطر الإنسان أخيرا إلى مواجهة حواسه الرصينة، ظروف حياته الحقيقية

y se ve obligado a afrontar sus relaciones con los de su especie

وهو مضطر لمواجهة علاقاته مع نوعه

La burguesía necesita constantemente ampliar sus mercados para sus productos

تحتاج البرجوازية باستمرار إلى توسيع أسواقها لمنتجاتها

y, debido a esto, la burguesía es perseguida por toda la superficie del globo

وبسبب هذا،يتم مطاردة البرجوازية على كامل سطح الكرة الأرضية

La burguesía debe anidar en todas partes, establecerse en todas partes, establecer conexiones en todas partes

يجب على البرجوازية أن تعشش في كل مكان، وتستقر في كل مكان ، وتقيم روابط في كل مكان

La burguesía debe crear mercados en todos los rincones del mundo para explotar

يجب على البرجوازية إنشاء أسواق في كل ركن من أركان العالم لاستغلالها

La producción y el consumo en todos los países han adquirido un carácter cosmopolita

لقد تم إعطاء الإنتاج والاستهلاك في كل بلد طابعا عالميا

el disgusto de los reaccionarios es palpable, pero ha continuado a pesar de todo

استياء الرجعيين واضح،لكنه استمر بغض النظر عن

La burguesía ha sacado de debajo de los pies de la industria el terreno nacional en el que se encontraba

لقد استمدت البرجوازية من تحت أقدام الصناعة الأرضية الوطنية التي وقفت عليها

Todas las industrias nacionales de vieja data han sido destruidas, o están siendo destruidas diariamente

تم تدمير جميع الصناعات الوطنية القديمة،أو يتم تدميرها يوميا

Todas las viejas industrias nacionales son desplazadas por las nuevas industrias

يتم إزاحة جميع الصناعات الوطنية القديمة من قبل الصناعات الجديدة

Su introducción se convierte en una cuestión de vida o muerte para todas las naciones civilizadas

يصبح إدخالها مسألة حياة أو موت لجميع الأمم المتحضرة

son desalojados por industrias que ya no trabajan con materia prima autóctona

يتم إزاحتهم من قبل الصناعات التي لم تعد تعمل في المواد الخام الأصلية

En cambio, estas industrias extraen materias primas de las zonas más remotas

بدلا من ذلك،تقوم هذه الصناعات بسحب المواد الخام من المناطق النائية

industrias cuyos productos se consumen, no solo en el país, sino en todos los rincones del mundo

الصناعات التي يتم استهلاك منتجاتها، ليس فقط في المنزل ، ولكن في كل ربع من العالم

En lugar de las viejas necesidades, satisfechas por las producciones del país, encontramos nuevas necesidades

بدلا من الرغبات القديمة، التي ترضيها إنتاجات البلد ،نجد رغبات جديدة

Estas nuevas necesidades requieren para su satisfacción los productos de tierras y climas lejanos

هذه الرغبات الجديدة تتطلب لإشباعها منتجات الأراضي والمناخات البعيدة

En lugar de la antigua reclusión y autosuficiencia local y nacional, tenemos el comercio

بدلا من العزلة المحلية والوطنية القديمة والاكتفاء الذاتي،لدينا تجارة

intercambio internacional en todas las direcciones; Interdependencia universal de las naciones

التبادل الدولي في كل اتجاه ؛ الترابط العالمي بين الأمم

Y así como dependemos de los materiales, también dependemos de la producción intelectual

وكما أننا نعتمد على المواد،كذلك نحن نعتمد على الإنتاج الفكري ـ

Las creaciones intelectuales de las naciones individuales se convierten en propiedad común

تصبح الإبداعات الفكرية للدول الفردية ملكية مشتركة

La unilateralidad nacional y la estrechez de miras se vuelven cada vez más imposibles

الانحياز الوطني وضيق الأفق يصبحان مستحيلين أكثر فأكثر

y de las numerosas literaturas nacionales y locales, surge una literatura mundial

ومن العديد من الآداب الوطنية والمحلية،ينشأ أدب عالمي

por el rápido perfeccionamiento de todos los instrumentos de producción

من خلال التحسين السريع لجميع أدوات الإنتاج

por los medios de comunicación inmensamente facilitados

من خلال وسائل الاتصال الميسرة بشكل كبير

La burguesía atrae a todos (incluso a las naciones más bárbaras) a la civilización

البرجوازية تجذب الجميع)حتى أكثر الأمم بربرية (إلى الحضارة

Los precios baratos de sus mercancías; la artillería pesada que derriba todas las murallas chinas

الأسعار الرخيصة لسلعها. المدفعية الثقيلة التي تضرب جميع الجدران الصينية

El odio intensamente obstinado de los bárbaros hacia los extranjeros se ve obligado a capitular

كراهية البرابرة العنيدة بشدة للأجانب مجبرة على الاستسلام

Obliga a todas las naciones, bajo pena de extinción, a adoptar el modo de producción burgués

إنه يجبر جميع الأمم، تحت طائلة الانقراض ، على تبني نمط الإنتاج البرجوازي

los obliga a introducir lo que llama civilización en su seno

إنه يجبرهم على إدخال ما يسميه الحضارة في وسطهم

La burguesía obliga a los bárbaros a convertirse ellos mismos en burgueses

البرجوازية تجبر البرابرة على أن يصبحوا برجوازيين بأنفسهم

en una palabra, la burguesía crea un mundo a su imagen y semejanza

باختصار،تخلق البرجوازية عالما على صورتها الخاصة

La burguesía ha sometido el campo al dominio de las ciudades

أخضعت البرجوازية الريف لحكم المدن

Ha creado enormes ciudades y ha aumentado considerablemente la población urbana

لقد خلقت مدنا هائلة وزادت بشكل كبير من عدد سكان الحضر

Rescató a una parte considerable de la población de la idiotez de la vida rural

أنقذت جزءا كبيرا من السكان من حماقة الحياة الريفية

pero ha hecho que los del campo dependan de las ciudades

لكنها جعلت أولئك الذين يعيشون في الريف يعتمدون على المدن.

y asimismo, ha hecho que los países bárbaros dependan de los civilizados

وبالمثل،فقد جعلت الدول البربرية تعتمد على الدول المتحضرة

naciones de campesinos sobre naciones de la burguesía, el Este sobre el Oeste

أمم الفلاحين على أمم البرجوازية والشرق على الغرب

La burguesía suprime cada vez más el estado disperso de la población

البرجوازية تتخلص أكثر فأكثر من حالة السكان المتناثرة

Ha aglomerado la producción y ha concentrado la propiedad en pocas manos

لديها إنتاج متكتل،وركزت الممتلكات في أيدي قليلة

La consecuencia necesaria de esto fue la centralización política

وكانت النتيجة الضرورية لذلك هي المركزية السياسية.

Había habido naciones independientes y provincias poco conectadas

كانت هناك دول مستقلة ومقاطعات مترابطة بشكل فضفاض

Tenían intereses, leyes, gobiernos y sistemas tributarios separados

كان لديهم مصالح وقوانين وحكومات وأنظمة ضريبية منفصلة

pero se han agrupado en una sola nación, con un solo gobierno

لكنهم أصبحوا مجتمعين معا في أمة واحدة،مع حكومة واحدة

Ahora tienen un interés nacional de clase, una frontera y un arancel aduanero

لديهم الآن مصلحة طبقية وطنية واحدة، وحدود واحدة ، وتعريفة جمركية واحدة

Y este interés nacional de clase está unificado bajo un solo código de leyes

وهذه المصلحة الطبقية الوطنية موحدة تحت مدونة قانون واحدة

la burguesía ha logrado mucho durante su gobierno de apenas cien años

لقد حققت البرجوازية الكثير خلال حكمها النادر الذي دام مائة عام

fuerzas productivas más masivas y colosales que todas las generaciones precedentes juntas

قوى إنتاجية أكثر ضخامة وهائلة من جميع الأجيال السابقة معا

Las fuerzas de la naturaleza están subyugadas a la voluntad del hombre y su maquinaria

تخضع قوى الطبيعة لإرادة الإنسان وآلياته

La química se aplica a todas las formas de industria y tipos de agricultura

يتم تطبيق الكيمياء على جميع أشكال الصناعة وأنواع الزراعة

la navegación a vapor, los ferrocarriles, los telégrafos eléctricos y la imprenta

الملاحة البخارية والسكك الحديدية والتلغراف الكهربائي والمطبعة

desbroce de continentes enteros para el cultivo, canalización de ríos

تطهير قارات بأكملها للزراعة،وقنوات الأنهار

Poblaciones enteras han sido sacadas de la tierra y puestas a trabajar

لقد تم استحضار شعوب بأكملها من الأرض ووضعها في العمل

¿Qué siglo anterior tuvo siquiera un presentimiento de lo que podría desencadenarse?

ما هو القرن السابق الذي كان حتى لديه شعور مسبق بما يمكن إطلاقه؟

¿Quién predijo que tales fuerzas productivas dormitaban en el regazo del trabajo social?

من توقع أن مثل هذه القوى المنتجة سبات في حضن العمل الاجتماعي؟

Vemos, pues, que los medios de producción y de intercambio se generaban en la sociedad feudal

نرى بعد ذلك أن وسائل الإنتاج والتبادل قد ولدت في المجتمع الإقطاعي

los medios de producción sobre cuyos cimientos se construyó la burguesía

وسائل الإنتاج التي بنت البرجوازية نفسها على أساسها

En una determinada etapa del desarrollo de estos medios de producción y de intercambio

في مرحلة معينة من تطور وسائل الإنتاج والتبادل هذه

las condiciones bajo las cuales la sociedad feudal producía e intercambiaba

الظروف التي أنتج فيها المجتمع الإقطاعي وتبادله

La organización feudal de la agricultura y la industria manufacturera

التنظيم الإقطاعي للزراعة والصناعة التحويلية

Las relaciones feudales de propiedad ya no eran compatibles con las condiciones materiales

لم تعد العلاقات الإقطاعية للملكية متوافقة مع الظروف المادية

Tuvieron que ser reventados en pedazos, por lo que fueron reventados en pedazos

كان لا بد من انفجارهم،لذلك تم تفجيرهم

En su lugar entró la libre competencia de las fuerzas productivas

في مكانهم صعدت المنافسة الحرة من القوى المنتجة

y fueron acompañadas de una constitución social y política adaptada a ella

ورافقها دستور اجتماعي وسياسي يتكيف معها

y fue acompañado por el dominio económico y político de la burguesía

ورافقه النفوذ الاقتصادي والسياسي للطبقة البرجوازية.

Un movimiento similar está ocurriendo ante nuestros propios ojos

حركة مماثلة تجري أمام أعيننا

La sociedad burguesa moderna con sus relaciones de producción, de intercambio y de propiedad

المجتمع البرجوازي الحديث بعلاقات الإنتاج والتبادل والملكية

una sociedad que ha conjurado medios de producción y de intercambio tan gigantescos

مجتمع استحضر مثل هذه الوسائل العملاقة للإنتاج والتبادل

Es como el hechicero que invocó los poderes del mundo inferior

إنه مثل الساحر الذي استدعى قوى العالم السفلي

Pero ya no es capaz de controlar lo que ha traído al mundo

لكنه لم يعد قادرا على السيطرة على ما جلبه إلى العالم

Durante muchas décadas, la historia pasada estuvo unida por un hilo conductor

لعقد من الزمان،كان التاريخ الماضي مرتبطا بخيط مشترك

La historia de la industria y del comercio no ha sido más que la historia de las revueltas

لم يكن تاريخ الصناعة والتجارة سوى تاريخ الثورات

las revueltas de las fuerzas productivas modernas contra las condiciones modernas de producción

ثورات القوى المنتجة الحديثة ضد ظروف الإنتاج الحديثة

Las revueltas de las fuerzas productivas modernas contra las relaciones de propiedad

ثورات القوى المنتجة الحديثة ضد علاقات الملكية

estas relaciones de propiedad son las condiciones para la existencia de la burguesía

علاقات الملكية هذه هي شروط وجود البرجوازية

y la existencia de la burguesía determina las reglas de las relaciones de propiedad

ووجود البرجوازية يحدد قواعد علاقات الملكية

Baste mencionar el retorno periódico de las crisis comerciales

يكفي أن نذكر العودة الدورية للأزمات التجارية

cada crisis comercial es más amenazante para la sociedad burguesa que la anterior

كل أزمة تجارية تهدد المجتمع البرجوازي أكثر من سابقتها

En estas crisis se destruye gran parte de los productos existentes

في هذه الأزمات يتم تدمير جزء كبير من المنتجات الموجودة

Pero estas crisis también destruyen las fuerzas productivas previamente creadas

لكن هذه الأزمات تدمر أيضا القوى المنتجة التي تم إنشاؤها سابقا.

En todas las épocas anteriores, estas epidemias habrían parecido un absurdo

في جميع العصور السابقة،كانت هذه الأوبئة تبدو سخيفة

porque estas epidemias son las crisis comerciales de la sobreproducción

لأن هذه الأوبئة هي الأزمات التجارية للإفراط في الإنتاج

De repente, la sociedad se encuentra de nuevo en un estado de barbarie momentánea

يجد المجتمع نفسه فجأة في حالة من الهمجية اللحظية

como si una guerra universal de devastación hubiera cortado todos los medios de subsistencia

كما لو أن حرب الدمار العالمية قد قطعت كل وسائل العيش

la industria y el comercio parecen haber sido destruidos; ¿Y por qué?

يبدو أن الصناعة والتجارة قد دمرت.ولماذا؟

Porque hay demasiada civilización y medios de subsistencia

لأن هناك الكثير من الحضارة ووسائل العيش

y porque hay demasiada industria y demasiado comercio

ولأن هناك الكثير من الصناعة،والكثير من التجارة

Las fuerzas productivas a disposición de la sociedad ya no desarrollan la propiedad burguesa

القوى المنتجة تحت تصرف المجتمع لم تعد تطور الملكية البرجوازية

por el contrario, se han vuelto demasiado poderosos para estas condiciones, por las cuales están encadenados

على العكس من ذلك، فقد أصبحوا أقوياء للغاية بالنسبة لهذه الظروف ، التي يتم تقييدهم بها

tan pronto como superan estas cadenas, traen el desorden a toda la sociedad burguesa

بمجرد أن يتغلبوا على هذه القيود، فإنهم يجلبون الفوضى إلى المجتمع البرجوازي بأكمله

y las fuerzas productivas ponen en peligro la existencia de la propiedad burguesa

والقوى المنتجة تعرض للخطر وجود الملكية البرجوازية

Las condiciones de la sociedad burguesa son demasiado estrechas para abarcar la riqueza creada por ellas

إن ظروف المجتمع البرجوازي أضيق من أن تشمل الثروة التي خلقوها.

¿Y cómo supera la burguesía estas crisis?

وكيف تتغلب البرجوازية على هذه الأزمات؟

Por un lado, supera estas crisis mediante la destrucción forzada de una masa de fuerzas productivas

فمن ناحية، تتغلب على هذه الأزمات من خلال التدمير القسري لكتلة من القوى المنتجة.

por otro lado, supera estas crisis mediante la conquista de nuevos mercados

من ناحية أخرى، فإنه يتغلب على هذه الأزمات من خلال غزو أسواق جديدة

y supera estas crisis mediante la explotación más completa de las viejas fuerzas productivas

وتتغلب على هذه الأزمات من خلال الاستغلال الأكثر شمولا لقوى الإنتاج القديمة.

Es decir, allanando el camino para crisis más extensas y destructivas

وهذا يعني،من خلال تمهيد الطريق لأزمات أكثر اتساعا وأكثر تدميرا .

supera la crisis disminuyendo los medios para prevenir las crisis

إنه يتغلب على الأزمة من خلال تقليص الوسائل التي يتم من خلالها منع الأزمات

Las armas con las que la burguesía derribó el feudalismo se vuelven ahora contra sí misma

إن الأسلحة التي أسقطت بها البرجوازية الإقطاع على الأرض تحولت الآن ضد نفسها

Pero la burguesía no sólo ha forjado las armas que le dan la muerte

لكن البرجوازية لم تقم فقط بصياغة الأسلحة التي تجلب الموت لنفسها

También ha llamado a la existencia a los hombres que han de empuñar esas armas

كما دعت إلى الوجود الرجال الذين سيستخدمون تلك الأسلحة.

Y estos hombres son la clase obrera moderna; Son los proletarios

وهؤلاء الرجال هم الطبقة العاملة الحديثة.هم البروليتاريون

En la misma proporción en que se desarrolla la burguesía, en la misma proporción se desarrolla el proletariado

بالتناسب مع تطور البرجوازية،بنفس النسبة تطورت البروليتاريا

La clase obrera moderna desarrolló una clase de trabajadores

طورت الطبقة العاملة الحديثة طبقة من العمال

Esta clase de obreros vive sólo mientras encuentran trabajo

هذه الطبقة من العمال تعيش فقط طالما أنها تجد عملا

y sólo encuentran trabajo mientras su trabajo aumenta el capital

ويجدون عملا فقط طالما أن عملهم يزيد رأس المال

Estos obreros, que deben venderse a destajo, son una mercancía

هؤلاء العمال،الذين يجب أن يبيعوا أنفسهم بالقطعة ،هم سلعة ـ

Estos obreros son como cualquier otro artículo de comercio

هؤلاء العمال مثل أي مادة تجارية أخرى

y, en consecuencia, están expuestos a todas las vicisitudes de la competencia

وبالتالي يتعرضون لجميع تقلبات المنافسة

Tienen que capear todas las fluctuaciones del mercado

عليهم أن يتحملوا جميع تقلبات السوق

Debido al uso extensivo de maquinaria y a la división del trabajo

بسبب الاستخدام المكثف للآلات وتقسيم العمل

El trabajo de los proletarios ha perdido todo carácter individual

لقد فقد عمل البروليتاريين كل طابع فردي

y, en consecuencia, el trabajo de los proletarios ha perdido todo encanto para el obrero

وبالتالي،فقد عمل البروليتاريين كل سحر للعامل

Se convierte en un apéndice de la máquina, en lugar del hombre que una vez fue

يصبح ملحقا للآلة،بدلا من الرجل الذي كان عليه ذات مرة

Sólo se requiere de él la habilidad más simple, monótona y más fácil de adquirir

مطلوب منه فقط الموهبة الأكثر بساطة ورتابة والأكثر سهولة في الحصول عليها

Por lo tanto, el costo de producción de un trabajador está restringido

وبالتالي،فإن تكلفة إنتاج العامل مقيدة

se restringe casi por completo a los medios de subsistencia que necesita para su manutención

يقتصر بشكل شبه كامل على وسائل العيش التي يحتاجها لإعالته

y se restringe a los medios de subsistencia que necesita para la propagación de su raza

ويقتصر على وسائل العيش التي يحتاجها لنشر جنسه

Pero el precio de una mercancía, y por lo tanto también del trabajo, es igual a su costo de producción

لكن سعر السلعة، وبالتالي أيضا العمل ،يساوي تكلفة إنتاجها .

Por lo tanto, a medida que aumenta la repulsividad del trabajo, disminuye el salario

بالتناسب، لذلك ، مع زيادة تنافر العمل ،ينخفض الأجر

Es más, la repulsión de su obra aumenta a un ritmo aún mayor

كلا،يزداد اشمئزاز عمله بمعدل أكبر

A medida que aumenta el uso de maquinaria y la división del trabajo, también lo hace la carga del trabajo

مع زيادة استخدام الآلات وتقسيم العمل،يزداد عبء الكدح

La carga del trabajo se incrementa con la prolongación de las horas de trabajo

يزداد عبء الكدح بإطالة ساعات العمل

Se espera más del obrero en el mismo tiempo que antes

يتوقع المزيد من العامل في نفس الوقت كما كان من قبل

Y, por supuesto, la carga del trabajo aumenta por la velocidad de la maquinaria

وبالطبع يزداد عبء الكدح بسرعة الماكينة

La industria moderna ha convertido el pequeño taller del amo patriarcal en la gran fábrica del capitalista industrial

لقد حولت الصناعة الحديثة الورشة الصغيرة للسيد البطريركي إلى مصنع كبير للرأسمالي الصناعي

Las masas de obreros, hacinados en la fábrica, están organizadas como soldados

جماهير العمال،المحتشدة في المصنع ،منظمة مثل الجنود

Como soldados rasos del ejército industrial están bajo el mando de una jerarquía perfecta de oficiales y sargentos

كجنود في الجيش الصناعي، يتم وضعهم تحت قيادة تسلسل هرمي مثالي من الضباط والرقباء

no sólo son esclavos de la burguesía y del Estado

إنهم ليسوا فقط عبيد الطبقة البرجوازية والدولة

pero también son esclavizados diariamente y cada hora por la máquina

لكنهم أيضا مستعبدون يوميا وكل ساعة من قبل الآلة

están esclavizados por el vigilante y, sobre todo, por el propio fabricante burgués

إنهم مستعبدون من قبل المتفرج، وقبل كل شيء ، من قبل صانع البرجوازية الفردي نفسه

Cuanto más abiertamente proclama este despotismo que la ganancia es su fin y su fin, tanto más mezquino, más odioso y más amargo es

وكلما أعلن هذا الاستبداد بشكل علني أن المكاسب هي غايته وهدفه، كلما كان أكثر تافهة،وأكثر بغضا وأكثر مرارة

Cuanto más se desarrolla la industria moderna, menores son las diferencias entre los sexos

كلما تطورت الصناعة الحديثة،قلت الاختلافات بين الجنسين

Cuanto menor es la habilidad y el ejercicio de la fuerza implícitos en el trabajo manual, tanto más el trabajo de los hombres es reemplazado por el de las mujeres

وكلما قلت مهارة وجهد القوة الذي ينطوي عليه العمل اليدوي، كلما حل عمل الرجال محل عمل النساء۔

Las diferencias de edad y sexo ya no tienen ninguna validez social distintiva para la clase obrera

لم يعد للاختلافات في العمر والجنس أي صلاحية اجتماعية مميزة للطبقة العاملة

Todos son instrumentos de trabajo, más o menos costosos de usar, según su edad y sexo

وجميعها أدوات عمل،واستخدامها أكثر أو أقل تكلفة ،وفقا لسنها وجنسها ۔

tan pronto como el obrero recibe su salario en efectivo, es atacado por las otras partes de la burguesía

بمجرد أن يتلقى العامل أجره نقدا، يتم تحديده من قبل الأجزاء الأخرى من البرجوازية

el propietario, el tendero, el prestamista, etc

المالك، صاحب المتجر ، المرهن ،إلخ

Los estratos más bajos de la clase media; los pequeños comerciantes y tenderos

الطبقات الدنيا من الطبقة الوسطى ؛ التجار الصغار وأصحاب المتاجر

los comerciantes jubilados en general, y los artesanos y campesinos

التجار المتقاعدون بشكل عام،والحرفيون والفلاحون

todo esto se hunde poco a poco en el proletariado

كل هذه تغرق تدريجيا في البروليتاريا

en parte porque su minúsculo capital no basta para la escala en que se desarrolla la industria moderna

ويرجع ذلك جزئيا إلى أن رأس مالها الضئيل لا يكفي للنطاق الذي تتم فيه الصناعة الحديثة

y porque está inundada en la competencia con los grandes capitalistas

ولأنها غارقة في المنافسة مع كبار الرأسماليين

en parte porque sus habilidades especializadas se vuelven inútiles por los nuevos métodos de producción

جزئيا لأن مهاراتهم المتخصصة أصبحت عديمة القيمة بسبب أساليب الإنتاج الجديدة

De este modo, el proletariado es reclutado entre todas las clases de la población

وهكذا يتم تجنيد البروليتاريا من جميع طبقات السكان

El proletariado pasa por varias etapas de desarrollo

تمر البروليتاريا بمراحل مختلفة من التطور

Con su nacimiento comienza su lucha con la burguesía

مع ولادتها يبدأ صراعها مع البرجوازية

Al principio, la contienda es llevada a cabo por trabajadores individuales

في البداية يتم إجراء المسابقة من قبل العمال الأفراد

Entonces el concurso es llevado a cabo por los obreros de una fábrica

ثم يتم إجراء المسابقة من قبل عمال المصنع

Entonces la contienda es llevada a cabo por los operarios de un oficio, en una localidad

ثم يتم إجراء المسابقة من قبل نشطاء تجارة واحدة،في مكان واحد

y la contienda es entonces contra la burguesía individual que los explota directamente

والمنافسة إذن ضد البرجوازية الفردية التي تستغلها مباشرة

No dirigen sus ataques contra las condiciones de producción de la burguesía

إنهم يوجهون هجماتهم ليس ضد ظروف الإنتاج البرجوازية

pero dirigen su ataque contra los propios instrumentos de producción

لكنهم يوجهون هجومهم ضد أدوات الإنتاج بأنفسهم.

destruyen mercancías importadas que compiten con su mano de obra

إنهم يدمرون السلع المستوردة التي تنافس عملهم

Hacen pedazos la maquinaria y prenden fuego a las fábricas

لقد حطموا الآلات إلى قطع وأشعلوا النار في المصانع

tratan de restaurar por la fuerza el estado desaparecido del obrero de la Edad Media

إنهم يسعون إلى استعادة الوضع المختفي لعامل العصور الوسطى بالقوة

En esta etapa, los obreros forman todavía una masa incoherente dispersa por todo el país

في هذه المرحلة لا يزال العمال يشكلون كتلة غير متماسكة منتشرة في جميع أنحاء البلاد.

y se rompen por su mutua competencia

ويتم تفكيكهم بسبب منافستهم المتبادلة

Si en alguna parte se unen para formar cuerpos más compactos, esto no es todavía la consecuencia de su propia unión activa

إذا اتحدوا في أي مكان لتشكيل هيئات أكثر إحكاما، فهذا ليس نتيجة لاتحادهم النشط

pero es una consecuencia de la unión de la burguesía, para alcanzar sus propios fines políticos

لكنها نتيجة لاتحاد البرجوازية،لتحقيق غاياتها السياسية الخاصة

la burguesía se ve obligada a poner en movimiento a todo el proletariado

البرجوازية مجبرة على تحريك البروليتاريا بأكملها

y además, por un momento, la burguesía es capaz de hacerlo

وعلاوة على ذلك، في الوقت الحاضر ، فإن البرجوازية قادرة على القيام بذلك

Por lo tanto, en esta etapa, los proletarios no luchan contra sus enemigos

في هذه المرحلة، لذلك ،لا يحارب البروليتاريون أعداءهم

sino que están luchando contra los enemigos de sus enemigos

لكنهم بدلا من ذلك يقاتلون أعداء أعدائهم.

la lucha contra los restos de la monarquía absoluta y los terratenientes

قتال فلول الملكية المطلقة وملاك الأراضي

luchan contra la burguesía no industrial; la pequeña burguesía

إنهم يقاتلون البرجوازية غير الصناعية.البرجوازية الصغيرة

De este modo, todo el movimiento histórico se concentra en manos de la burguesía

وهكذا تتركز الحركة التاريخية برمتها في أيدي البرجوازية

cada victoria así obtenida es una victoria para la burguesía

كل انتصار يتم الحصول عليه هو انتصار للبرجوازية

Pero con el desarrollo de la industria, el proletariado no sólo aumenta en número

ولكن مع تطور الصناعة،لا يزداد عدد البروليتاريا فقط

el proletariado se concentra en grandes masas y su fuerza crece

تتركز البروليتاريا في كتل أكبر وتنمو قوتها

y el proletariado siente cada vez más esa fuerza

وتشعر البروليتاريا بهذه القوة أكثر فأكثر

Los diversos intereses y condiciones de vida en las filas del proletariado se igualan cada vez más

إن المصالح والظروف المختلفة للحياة داخل صفوف البروليتاريا تتساوى أكثر فأكثر

se vuelven más proporcionales a medida que la maquinaria borra todas las distinciones de trabajo

تصبح أكثر تناسبا حيث تطمس الآلات جميع الفروق في العمل

y la maquinaria reduce los salarios al mismo nivel bajo en casi todas partes

والآلات في كل مكان تقريبا تخفض الأجور إلى نفس المستوى المنخفض

La creciente competencia entre la burguesía, y las crisis comerciales resultantes, hacen que los salarios de los obreros sean cada vez más fluctuantes

إن المنافسة المتزايدة بين البرجوازية،والأزمات التجارية الناتجة عنها ، تجعل أجور العمال أكثر تقلبا من أي وقت مضى۔

La mejora incesante de la maquinaria, que se desarrolla cada vez más rápidamente, hace que sus medios de vida sean cada vez más precarios

إن التحسين المستمر للآلات، الذي يتطور بسرعة أكبر من أي وقت مضى،يجعل سبل عيشهم أكثر خطورة

los choques entre obreros individuales y burgueses individuales toman cada vez más el carácter de choques entre dos clases

تأخذ الاصطدامات بين العمال الأفراد والبرجوازية الفردية طابع الاصطدامات بين طبقتين أكثر فأكثر

A partir de ese momento, los obreros comienzan a formar uniones (sindicatos) contra la burguesía

عندها يبدأ العمال في تشكيل مجموعات)نقابات (ضد البرجوازية

se agrupan para mantener el ritmo de los salarios

إنهم يتعاونون معا من أجل الحفاظ على معدل الأجور

Fundaron asociaciones permanentes para hacer frente de antemano a estas revueltas ocasionales

لقد وجدوا جمعيات دائمة من أجل توفير هذه الثورات العرضية مسبقا

Aquí y allá la contienda estalla en disturbios

هنا وهناك تندلع المسابقة في أعمال شغب

De vez en cuando los obreros salen victoriosos, pero sólo por un tiempo

بين الحين والآخر ينتصر العمال،ولكن فقط لبعض الوقت

El verdadero fruto de sus batallas no reside en el resultado inmediato, sino en la unión cada vez mayor de los trabajadores

إن الثمرة الحقيقية لمعاركهم لا تكمن في النتيجة الفورية، بل في اتحاد العمال المتوسع باستمرار۔

Esta unión se ve favorecida por la mejora de los medios de comunicación creados por la industria moderna

ويساعد هذا الاتحاد من خلال وسائل الاتصال المحسنة التي يتم إنشاؤها بواسطة الصناعة الحديثة

La comunicación moderna pone en contacto a los trabajadores de diferentes localidades

الاتصالات الحديثة تضع العمال من مختلف المناطق على اتصال مع بعضهم البعض

Era precisamente este contacto el que se necesitaba para centralizar las numerosas luchas locales en una lucha nacional entre clases

كان هذا الاتصال فقط هو المطلوب لتركيز النضالات المحلية العديدة في صراع وطني واحد بين الطبقات۔

Todas estas luchas tienen el mismo carácter, y toda lucha de clases es una lucha política

كل هذه النضالات لها نفس الطابع،وكل صراع طبقي هو صراع سياسي

los burgueses de la Edad Media, con sus miserables carreteras, necesitaron siglos para formar sus uniones

احتاج البرغر في العصور الوسطى، بطرقهم السريعة البائسة ، إلى قرون لتشكيل نقاباتهم

Los proletarios modernos, gracias a los ferrocarriles, logran sus sindicatos en pocos años

البروليتاريون الحديثون، بفضل السكك الحديدية ، يحققون نقاباتهم في غضون بضع سنوات

Esta organización de los proletarios en una clase los formó, por consiguiente, en un partido político

هذا التنظيم للبروليتاريين في طبقة شكلهم بالتالي في حزب سياسي

La clase política se ve continuamente molesta por la competencia entre los propios trabajadores

الطبقة السياسية مستاءة باستمرار مرة أخرى من المنافسة بين العمال أنفسهم

Pero la clase política sigue levantándose de nuevo, más fuerte, más firme, más poderosa

لكن الطبقة السياسية تستمر في النهوض مرة أخرى، أقوى وأكثر حزما وقوة.

Obliga al reconocimiento legislativo de los intereses particulares de los trabajadores

إنه يفرض الاعتراف التشريعي بالمصالح الخاصة للعمال

lo hace aprovechándose de las divisiones en el seno de la propia burguesía

وهي تفعل ذلك من خلال الاستفادة من الانقسامات بين البرجوازية نفسها

De este modo, el proyecto de ley de las diez horas en Inglaterra se convirtió en ley

وهكذا تم وضع مشروع قانون العشر ساعات في إنجلترا في القانون

en muchos sentidos, las colisiones entre las clases de la vieja sociedad son, además, el curso del desarrollo del proletariado

من نواح كثيرة، فإن الاصطدامات بين طبقات المجتمع القديم هي مسار تطور البروليتاريا

La burguesía se ve envuelta en una batalla constante

البرجوازية تجد نفسها متورطة في معركة مستمرة

Al principio se verá envuelto en una batalla constante con la aristocracia

في البداية ستجد نفسها متورطة في معركة مستمرة مع الطبقة الأرستقراطية.

más tarde se verá envuelta en una batalla constante con esas partes de la propia burguesía

في وقت لاحق ستجد نفسها متورطة في معركة مستمرة مع تلك الأجزاء من البرجوازية نفسها

y sus intereses se habrán vuelto antagónicos al progreso de la industria

وستصبح مصالحهم معادية لتقدم الصناعة

en todo momento, sus intereses se habrán vuelto antagónicos con la burguesía de los países extranjeros

في جميع الأوقات،ستصبح مصالحهم معادية لبرجوازية البلدان الأجنبية

En todas estas batallas se ve obligado a apelar al proletariado y pide su ayuda

في كل هذه المعارك ترى نفسها مضطرة إلى مناشدة البروليتاريا، وتطلب مساعدتها

y, por lo tanto, se sentirá obligado a arrastrarlo a la arena política

وبالتالي،ستشعر بأنها مضطرة لجرها إلى الساحة السياسية ـ

La burguesía misma, por lo tanto, suministra al proletariado sus propios instrumentos de educación política y general

لذلك فإن البرجوازية نفسها تزود البروليتاريا بأدواتها الخاصة في التعليم السياسي والعام.

en otras palabras, suministra al proletariado armas para luchar contra la burguesía

وبعبارة أخرى،فإنه يزود البروليتاريا بالأسلحة لمحاربة البرجوازية ـ

Además, como ya hemos visto, sectores enteros de las clases dominantes se precipitan en el proletariado

علاوة على ذلك، كما رأينا بالفعل ، يتم ترسب قطاعات كاملة من الطبقات الحاكمة في البروليتاريا

el avance de la industria los absorbe en el proletariado

تقدم الصناعة يجذبهم إلى البروليتاريا

o, al menos, están amenazados en sus condiciones de existencia

أو، على الأقل ،هم مهددون في ظروف وجودهم

Estos también suministran al proletariado nuevos elementos de ilustración y progreso

هذه أيضا تزود البروليتاريا بعناصر جديدة من التنوير والتقدم

Finalmente, en momentos en que la lucha de clases se acerca a la hora decisiva

أخيرا،في الأوقات التي يقترب فيها الصراع الطبقي من الساعة الحاسمة

el proceso de disolución que se está llevando a cabo en el seno de la clase dominante

عملية الانحلال الجارية داخل الطبقة الحاكمة

De hecho, la disolución que se está produciendo en el seno de la clase dominante se sentirá en toda la sociedad

في الواقع، إن الانحلال الذي يحدث داخل الطبقة الحاكمة سيكون محسوسا داخل كل نطاق المجتمع.

Tomará un carácter tan violento y deslumbrante, que un pequeño sector de la clase dominante se quedará a la deriva

سوف تتخذ طابعا عنيفا وصارخا، بحيث يقطع قسم صغير من الطبقة الحاكمة نفسه على غير هدى.

y esa clase dominante se unirá a la clase revolucionaria

وأن الطبقة الحاكمة ستنضم إلى الطبقة الثورية

La clase revolucionaria es la clase que tiene el futuro en sus manos

الطبقة الثورية هي الطبقة التي تمسك بالمستقبل بين يديها

Al igual que en un período anterior, una parte de la nobleza se pasó a la burguesía

تماما كما في فترة سابقة،ذهب قسم من النبلاء إلى البرجوازية

de la misma manera que una parte de la burguesía se pasará al proletariado

بنفس الطريقة سيذهب جزء من البرجوازية إلى البروليتاريا

en particular, una parte de la burguesía pasará a una parte de los ideólogos de la burguesía

على وجه الخصوص، سيذهب جزء من البرجوازية إلى جزء من أيديولوجيات البرجوازية

Ideólogos burgueses que se han elevado al nivel de comprender teóricamente el movimiento histórico en su conjunto

الإيديولوجيون البرجوازيون الذين رفعوا أنفسهم إلى مستوى الفهم النظري للحركة التاريخية ككل

De todas las clases que hoy se encuentran frente a frente con la burguesía, sólo el proletariado es una clase realmente revolucionaria

من بين جميع الطبقات التي تقف وجها لوجه مع البرجوازية اليوم، فإن البروليتاريا وحدها هي طبقة ثورية حقا

Las otras clases decaen y finalmente desaparecen frente a la industria moderna

الطبقات الأخرى تتحلل وتختفي أخيرا في مواجهة الصناعة الحديثة

el proletariado es su producto especial y esencial

البروليتاريا هي منتجها الخاص والأساسي

La clase media baja, el pequeño fabricante, el tendero, el artesano, el campesino

الطبقة الوسطى الدنيا، الشركة المصنعة الصغيرة ، صاحب المتجر ، الحرفي،الفلاح

todos ellos luchan contra la burguesía

كل هذه المعارك ضد البرجوازية

Luchan como fracciones de la clase media para salvarse de la extinción

إنهم يقاتلون كأجزاء من الطبقة الوسطى لإنقاذ أنفسهم من الانقراض

Por lo tanto, no son revolucionarios, sino conservadores

لذلك فهي ليست ثورية،لكنها محافظة

Más aún, son reaccionarios, porque tratan de hacer retroceder la rueda de la historia

لا أكثر،إنهم رجعيون ،لأنهم يحاولون إعادة عجلة التاريخ إلى الوراء ۔

Si por casualidad son revolucionarios, lo son sólo en vista de su inminente transferencia al proletariado

إذا كانوا ثوريين بالصدفة، فهم كذلك فقط في ضوء انتقالهم الوشيك إلى البروليتاريا

Por lo tanto, no defienden sus intereses presentes, sino sus intereses futuros

وبالتالي فهم لا يدافعون عن حاضرهم،بل عن مصالحهم المستقبلية

abandonan su propio punto de vista para situarse en el del proletariado

إنهم يتخلون عن وجهة نظرهم الخاصة ويضعون أنفسهم في موقف البروليتاريا

La "clase peligrosa", la escoria social, esa masa pasivamente putrefacta arrojada por las capas más bajas de la vieja sociedad

" "الطبقة الخطرة، الحثالة الاجتماعية ، تلك الكتلة المتعفنة بشكل سلبي التي ألقيت بها الطبقات الدنيا من المجتمع القديم

pueden, aquí y allá, ser arrastrados al movimiento por una revolución proletaria

قد تجتاحهم الثورة البروليتارية الحركة هنا وهناك.

Sus condiciones de vida, sin embargo, la preparan mucho más para el papel de un instrumento sobornado de la intriga reaccionaria

ومع ذلك، فإن ظروف حياتها تعدها أكثر بكثير لجزء من أداة رشوة من المؤامرات الرجعية.

En las condiciones del proletariado, los de la vieja sociedad en general están ya virtualmente desbordados

في ظروف البروليتاريا، فإن ظروف المجتمع القديم ككل غارقة بالفعل في

El proletario carece de propiedad

البروليتاري بلا ملكية

su relación con su mujer y sus hijos ya no tiene nada en común con las relaciones familiares de la burguesía

علاقته بزوجته وأطفاله لم يعد لها أي شيء مشترك مع العلاقات الأسرية للبرجوازية

el trabajo industrial moderno, el sometimiento moderno al capital, lo mismo en Inglaterra que en Francia, en Estados Unidos como en Alemania

العمل الصناعي الحديث، والخضوع الحديث لرأس المال ، هو نفسه في إنجلترا كما في فرنسا،في أمريكا كما في ألمانيا

Su condición en la sociedad lo ha despojado de todo rastro de carácter nacional

حالته في المجتمع جردته من كل أثر للشخصية الوطنية

El derecho, la moral, la religión, son para él otros tantos prejuicios burgueses

القانون والأخلاق والدين،هي بالنسبة له الكثير من التحيزات البرجوازية

y detrás de estos prejuicios acechan emboscados otros tantos intereses burgueses

ووراء هذه التحيزات تكمن في كمين كما العديد من المصالح البرجوازية.

Todas las clases precedentes que se impusieron trataron de fortalecer su estatus ya adquirido

سعت جميع الطبقات السابقة التي كانت لها اليد العليا، إلى تحصين وضعها المكتسب بالفعل

Lo hicieron sometiendo a la sociedad en general a sus condiciones de apropiación

لقد فعلوا ذلك من خلال إخضاع المجتمع ككل لشروط الاستيلاء الخاصة بهم

Los proletarios no pueden llegar a ser dueños de las fuerzas productivas de la sociedad

لا يمكن للبروليتاريين أن يصبحوا سادة القوى المنتجة في المجتمع

sólo puede hacerlo aboliendo su propio modo anterior de apropiación

لا يمكنها القيام بذلك إلا من خلال إلغاء طريقة التخصيص السابقة الخاصة بها

y, por lo tanto, también suprime cualquier otro modo anterior de apropiación

وبالتالي فإنه يلغي أيضا كل طريقة سابقة أخرى للتخصيص

No tienen nada propio que asegurar y fortificar

ليس لديهم شيء خاص بهم لتأمينه وتحصينه

Su misión es destruir todos los valores y seguros anteriores de la propiedad individual

مهمتهم هي تدمير جميع الأوراق المالية السابقة للممتلكات الفردية وتأمينها

Todos los movimientos históricos anteriores fueron movimientos de minorías

جميع الحركات التاريخية السابقة كانت حركات أقليات

o eran movimientos en interés de las minorías

أو كانت حركات لصالح الأقليات

El movimiento proletario es el movimiento consciente e independiente de la inmensa mayoría

الحركة البروليتارية هي الحركة الواعية والمستقلة للأغلبية الساحقة

Y es un movimiento en interés de la inmensa mayoría

وهي حركة تصب في مصلحة الأغلبية الساحقة

El proletariado, el estrato más bajo de nuestra sociedad actual

البروليتاريا،أدنى طبقة في مجتمعنا الحالي

no puede agitarse ni elevarse sin que todos los estratos superiores de la sociedad oficial salgan al aire

لا يمكنها أن تحرك أو ترفع نفسها دون أن تنتشر في الهواء الطبقات المتفوقة بأكملها في المجتمع الرسمي.

Aunque no en el fondo, sí en la forma, la lucha del proletariado con la burguesía es, al principio, una lucha nacional

وإن لم يكن نضال البروليتاريا مع البرجوازية في الجوهر، إلا أنه في الشكل،هو في البداية نضال وطني .

El proletariado de cada país debe, por supuesto, en primer lugar arreglar las cosas con su propia burguesía

يجب على البروليتاريا في كل بلد، بالطبع ، أولا وقبل كل شيء تسوية الأمور مع برجوازيتها الخاصة.

Al describir las fases más generales del desarrollo del proletariado, hemos trazado la guerra civil más o menos velada

في تصوير المراحل الأكثر عمومية لتطور البروليتاريا، تتبعنا الحرب الأهلية المبطنة إلى حد ما

Este civil está haciendo estragos dentro de la sociedad existente

هذا المدني مستعر داخل المجتمع القائم

Se enfurecerá hasta el punto en que esa guerra estalle en una revolución abierta

سوف تحتدم إلى النقطة التي تندلع فيها تلك الحرب إلى ثورة مفتوحة

y luego el derrocamiento violento de la burguesía sienta las bases para el dominio del proletariado

ومن ثم فإن الإطاحة العنيفة بالبرجوازية تضع الأساس لسيطرة البروليتاريا

Hasta ahora, todas las formas de sociedad se han basado, como ya hemos visto, en el antagonismo de las clases opresoras y oprimidas

حتى الآن، كان كل شكل من أشكال المجتمع قائما ، كما رأينا بالفعل ، على عداء الطبقات المضطهدة والمضطهدة

Pero para oprimir a una clase, hay que asegurarle ciertas condiciones

ولكن من أجل قمع الطبقة،يجب ضمان شروط معينة لها

La clase debe ser mantenida en condiciones en las que pueda, por lo menos, continuar su existencia servil

يجب أن تبقى الطبقة في ظل ظروف يمكنها فيها، على الأقل ، مواصلة وجودها العبودي

El siervo, en el período de la servidumbre, se elevaba a la comuna

رفع الأقنان، في فترة القنانة ،نفسه إلى عضوية في البلدية

del mismo modo que la pequeña burguesía, bajo el yugo del absolutismo feudal, logró convertirse en burguesía

تماما كما تمكنت البرجوازية الصغيرة، تحت نير الحكم المطلق الإقطاعي،من التطور إلى برجوازية

El obrero moderno, por el contrario, en lugar de elevarse con el progreso de la industria, se hunde cada vez más

العامل الحديث، على العكس من ذلك ، بدلا من النهوض مع تقدم الصناعة،يغرق أعمق وأعمق

se hunde por debajo de las condiciones de existencia de su propia clase

يغرق تحت ظروف وجود طبقته

Se convierte en un indigente, y el pauperismo se desarrolla más rápidamente que la población y la riqueza

يصبح فقيرا،ويتطور الفقر بسرعة أكبر من السكان والثروة

Y aquí se hace evidente que la burguesía ya no es apta para ser la clase dominante de la sociedad

وهنا يصبح من الواضح أن البرجوازية لم تعد صالحة لتكون الطبقة الحاكمة في المجتمع

y no es apta para imponer sus condiciones de existencia a la sociedad como una ley imperativa

ولا يصلح لفرض شروط وجوده على المجتمع كقانون مهيمن

Es incapaz de gobernar porque es incapaz de asegurar una existencia a su esclavo dentro de su esclavitud

إنه غير صالح للحكم لأنه غير مؤهل لضمان وجود لعبده داخل عبوديته

porque no puede evitar dejarlo hundirse en tal estado, que tiene que alimentarlo, en lugar de ser alimentado por él

لأنه لا يمكن أن يساعد في السماح له بالغرق في مثل هذه الحالة، بحيث يتعين عليه إطعامه،بدلا من إطعامه من قبله

La sociedad ya no puede vivir bajo esta burguesía

لم يعد بإمكان المجتمع العيش في ظل هذه البرجوازية

En otras palabras, su existencia ya no es compatible con la sociedad

بمعنى آخر،لم يعد وجودها متوافقا مع المجتمع

La condición esencial para la existencia y el dominio de la burguesía es la formación y el aumento del capital

إن الشرط الأساسي لوجود الطبقة البرجوازية وسيطرتها هو تكوين رأس المال وزيادته.

La condición del capital es el trabajo asalariado

شرط رأس المال هو العمل المأجور

El trabajo asalariado se basa exclusivamente en la competencia entre los trabajadores

يعتمد العمل المأجور حصرا على المنافسة بين العمال

El avance de la industria, cuyo promotor involuntario es la burguesía, sustituye al aislamiento de los obreros

إن تقدم الصناعة،التي هي البرجوازية مروجها غير الطوعي ، يحل محل عزلة العمال.

por la competencia, por su combinación revolucionaria, por la asociación

بسبب المنافسة، بسبب مزيجهم الثوري ،بسبب الارتباط

El desarrollo de la industria moderna corta bajo sus pies los cimientos mismos sobre los cuales la burguesía produce y se apropia de los productos

إن تطور الصناعة الحديثة يقطع من تحت قدميه الأساس الذي تنتج عليه البرجوازية المنتجات وتستولي عليها.

Lo que la burguesía produce, sobre todo, son sus propios sepultureros

ما تنتجه البرجوازية، قبل كل شيء ،هو حفارو قبورها

La caída de la burguesía y la victoria del proletariado son igualmente inevitables

إن سقوط البرجوازية وانتصار البروليتاريا أمر لا مفر منه بنفس القدر

Proletarios y comunistas
البروليتاريون والشيوعيون

¿Qué relación tienen los comunistas con el conjunto de los proletarios?

في أي علاقة يقف الشيوعيون مع البروليتاريا ككل؟

Los comunistas no forman un partido separado opuesto a otros partidos de la clase obrera

لا يشكل الشيوعيون حزبا منفصلا يعارض أحزاب الطبقة العاملة الأخرى

No tienen intereses separados y aparte de los del proletariado en su conjunto

ليس لديهم مصالح منفصلة ومنفصلة عن مصالح البروليتاريا ككل.

No establecen ningún principio sectario propio, con el cual dar forma y moldear el movimiento proletario

إنهم لا يضعون أي مبادئ طائفية خاصة بهم، لتشكيل وتشكيل الحركة البروليتارية

Los comunistas se distinguen de los demás partidos obreros sólo por dos cosas

يتميز الشيوعيون عن أحزاب الطبقة العاملة الأخرى بأمرين فقط

En primer lugar, señalan y ponen en primer plano los intereses comunes de todo el proletariado, independientemente de toda nacionalidad

أولا،إنهم يشيرون إلى المصالح المشتركة للبروليتاريا بأسرها ، بغض النظر عن كل قومية.

Esto lo hacen en las luchas nacionales de los proletarios de los diferentes países

هذا ما يفعلونه في النضالات الوطنية للبروليتاريين في مختلف البلدان.

En segundo lugar, siempre y en todas partes representan los intereses del movimiento en su conjunto

ثانيا،إنها تمثل دائما وفي كل مكان مصالح الحركة ككل .

esto lo hacen en las diversas etapas de desarrollo por las que tiene que pasar la lucha de la clase obrera contra la burguesía

هذا ما يفعلونه في مختلف مراحل التطور، والتي يجب أن يمر بها نضال الطبقة العاملة ضد البرجوازية

Los comunistas son, por lo tanto, por una parte, prácticamente, el sector más avanzado y resuelto de los partidos obreros de todos los países

لذلك فإن الشيوعيين هم من ناحية، عمليا ، القسم الأكثر تقدما وتصميما من أحزاب الطبقة العاملة في كل بلد.

Son ese sector de la clase obrera que empuja hacia adelante a todos los demás

إنهم ذلك القسم من الطبقة العاملة الذي يدفع جميع الآخرين إلى الأمام.

Teóricamente, también tienen la ventaja de entender claramente la línea de marcha

من الناحية النظرية،لديهم أيضا ميزة فهم خط المسيرة بوضوح

Esto lo comprenden mejor comparado con la gran masa del proletariado

هذا يفهمونه بشكل أفضل مقارنة بالكتلة العظمى للبروليتاريا

Comprenden las condiciones y los resultados generales finales del movimiento proletario

إنهم يفهمون الظروف والنتائج العامة النهائية للحركة البروليتارية

El objetivo inmediato del comunista es el mismo que el de todos los demás partidos proletarios

إن الهدف المباشر للشيوعية هو نفس هدف جميع الأحزاب البروليتارية الأخرى.

Su objetivo es la formación del proletariado en una clase

هدفهم هو تشكيل البروليتاريا في طبقة

su objetivo es derrocar la supremacía burguesa

إنهم يهدفون إلى الإطاحة بسيادة البرجوازية

la lucha por la conquista del poder político por el proletariado

النضال من أجل الاستيلاء على السلطة السياسية من قبل البروليتاريا

Las conclusiones teóricas de los comunistas no se basan en modo alguno en ideas o principios de reformadores

الاستنتاجات النظرية للشيوعيين لا تستند بأي حال من الأحوال إلى أفكار أو مبادئ الإصلاحيين

no fueron los aspirantes a reformadores universales los que inventaron o descubrieron las conclusiones teóricas de los comunistas

لم يكن الإصلاحيون العالميون هم الذين اخترعوا أو اكتشفوا الاستنتاجات النظرية للشيوعيين

Se limitan a expresar, en términos generales, las relaciones reales que surgen de una lucha de clases existente

إنها تعبر فقط، بعبارات عامة ، عن علاقات فعلية تنبع من صراع طبقي قائم

Y describen el movimiento histórico que está ocurriendo ante nuestros propios ojos y que ha creado esta lucha de clases

وهم يصفون الحركة التاريخية الجارية تحت أعيننا والتي خلقت هذا الصراع الطبقي

La abolición de las relaciones de propiedad existentes no es en absoluto un rasgo distintivo del comunismo

إن إلغاء علاقات الملكية القائمة ليس سمة مميزة للشيوعية على الإطلاق

Todas las relaciones de propiedad en el pasado han estado continuamente sujetas a cambios históricos

كانت جميع علاقات الملكية في الماضي تخضع باستمرار للتغيير التاريخي

y estos cambios fueron consecuencia del cambio en las condiciones históricas

وكانت هذه التغييرات نتيجة للتغير في الظروف التاريخية

La Revolución Francesa, por ejemplo, abolió la propiedad feudal en favor de la propiedad burguesa

الثورة الفرنسية، على سبيل المثال ، ألغت الملكية الإقطاعية لصالح الملكية البرجوازية

El rasgo distintivo del comunismo no es la abolición de la propiedad, en general

السمة المميزة للشيوعية ليست إلغاء الملكية،بشكل عام

pero el rasgo distintivo del comunismo es la abolición de la propiedad burguesa

لكن السمة المميزة للشيوعية هي إلغاء الملكية البرجوازية.

Pero la propiedad privada de la burguesía moderna es la expresión última y más completa del sistema de producción y apropiación de productos

لكن الملكية الخاصة البرجوازية الحديثة هي التعبير النهائي والأكثر اكتمالا عن نظام إنتاج المنتجات والاستيلاء عليها.

Es el estado final de un sistema que se basa en los antagonismos de clase, donde el antagonismo de clase es la explotación de la mayoría por unos pocos

إنها الحالة النهائية لنظام قائم على التناقضات الطبقية، حيث العداء الطبقي هو استغلال الأكثرية من قبل القلة.

En este sentido, la teoría de los comunistas puede resumirse en una sola frase; la abolición de la propiedad privada

بهذا المعنى،يمكن تلخيص نظرية الشيوعيين في جملة واحدة ـ إلغاء الملكية الخاصة

A los comunistas se nos ha reprochado el deseo de abolir el derecho de adquirir personalmente la propiedad

لقد تم توبيخنا نحن الشيوعيين بالرغبة في إلغاء الحق في الحصول على الممتلكات شخصيا

Se afirma que esta propiedad es el fruto del propio trabajo de un hombre

يزعم أن هذه الممتلكات هي ثمرة عمل الرجل نفسه

y se alega que esta propiedad es la base de toda libertad, actividad e independencia personal.

ويزعم أن هذه الممتلكات هي أساس كل الحرية الشخصية والنشاط والاستقلال.

"¡Propiedad ganada con esfuerzo, adquirida por uno mismo, ganada por uno mismo!"

" ممتلكات مكتسبة بشق الأنفس،إمكتسبة ذاتيا "

¿Te refieres a la propiedad del pequeño artesano y del pequeño campesino?

هل تقصد ممتلكات الحرفي الصغير والفلاح الصغير؟

¿Te refieres a una forma de propiedad que precedió a la forma burguesa?

هل تقصد شكلا من أشكال الملكية التي سبقت شكل البرجوازية؟

No hay necesidad de abolir eso, el desarrollo de la industria ya lo ha destruido en gran medida

ليست هناك حاجة لإلغاء ذلك، فقد دمره تطوير الصناعة بالفعل إلى حد كبير

y el desarrollo de la industria sigue destruyéndola diariamente

وتطور الصناعة مازال يدمرها يوميا

¿O te refieres a la propiedad privada de la burguesía moderna?

أم تقصد الملكية الخاصة البرجوازية الحديثة؟

Pero, ¿crea el trabajo asalariado alguna propiedad para el trabajador?

ولكن هل يخلق العمل المأجور أي ممتلكات للعامل؟

¡No, el trabajo asalariado no crea ni una pizca de este tipo de propiedad!

لا،!العمل المأجور لا يخلق جزءا واحدا من هذا النوع من الممتلكات

Lo que sí crea el trabajo asalariado es capital; ese tipo de propiedad que explota el trabajo asalariado

ما يخلقه العمل المأجور هو رأس المال۔ هذا النوع من الممتلكات التي تستغل العمل المأجور

El capital no puede aumentar sino a condición de engendrar una nueva oferta de trabajo asalariado para una nueva explotación

لا يمكن لرأس المال أن يزيد إلا بشرط توليد عرض جديد من العمل المأجور لاستغلال جديد

La propiedad, en su forma actual, se basa en el antagonismo entre el capital y el trabajo asalariado

تقوم الملكية،في شكلها الحالي ،على عداء رأس المال والعمل المأجور

Examinemos los dos lados de este antagonismo

دعونا نفحص كلا جانبي هذا العداء

Ser capitalista es tener no sólo un estatus puramente personal

أن تكون رأسماليا لا يعني أن يكون لديك فقط حالة شخصية بحتة

En cambio, ser capitalista es también tener un estatus social en la producción

بدلا من ذلك، أن تكون رأسماليا هو أيضا أن يكون لديك وضع اجتماعي في الإنتاج

porque el capital es un producto colectivo; Sólo mediante la acción unida de muchos miembros puede ponerse en marcha

لأن رأس المال هو منتج جماعي ؛ فقط من خلال العمل الموحد للعديد من الأعضاء يمكن تحريكه

Pero esta acción unida es el último recurso, y en realidad requiere de todos los miembros de la sociedad

لكن هذا العمل الموحد هو الملاذ الأخير، ويتطلب في الواقع جميع أفراد المجتمع

El capital se convierte en propiedad de todos los miembros de la sociedad

يتم تحويل رأس المال إلى ملك لجميع أفراد المجتمع

pero el Capital no es, por lo tanto, un poder personal; Es un poder social

لكن رأس المال، إذن ،ليس قوة شخصية ـإنها قوة اجتماعية

Así, cuando el capital se convierte en propiedad social, la propiedad personal no se transforma en propiedad social

لذلك عندما يتم تحويل رأس المال إلى ملكية اجتماعية، لا يتم تحويل الملكية الشخصية إلى ملكية اجتماعية

Lo único que cambia es el carácter social de la propiedad y pierde su carácter de clase

فقط الطابع الاجتماعي للممتلكات هو الذي يتغير،ويفقد طابعه الطبقي

Veamos ahora el trabajo asalariado

لنلق نظرة الآن على العمل المأجور

El precio medio del trabajo asalariado es el salario mínimo, es decir, la cantidad de medios de subsistencia

متوسط سعر العمل المأجور هو الحد الأدنى للأجور، أي مقدار وسائل العيش.

Este salario es absolutamente necesario en la mera existencia de un obrero

هذا الأجر مطلوب تماما في الوجود العاري كعامل

Por lo tanto, lo que el asalariado se apropia por medio de su trabajo, sólo basta para prolongar y reproducir una existencia desnuda

وبالتالي،فإن ما يستحوذ عليه العامل المأجور من خلال عمله ، يكفي فقط لإطالة أمد وإعادة إنتاج وجود مجرد

De ninguna manera pretendemos abolir esta apropiación personal de los productos del trabajo

نحن لا ننوي بأي حال من الأحوال إلغاء هذا الاستيلاء الشخصي على منتجات العمل

una apropiación que se hace para el mantenimiento y la reproducción de la vida humana

اعتماد مخصص لصيانة الحياة البشرية وإعادة إنتاجها

Tal apropiación personal de los productos del trabajo no deja ningún excedente con el que ordenar el trabajo de otros

مثل هذا الاستيلاء الشخصي على منتجات العمل لا يترك فائضا لقيادة عمل الآخرين

Lo único que queremos eliminar es el carácter miserable de esta apropiación

كل ما نريد التخلص منه هو الطابع البائس لهذا الاستيلاء

la apropiación bajo la cual vive el obrero sólo para aumentar el capital

التخصيص الذي يعيش بموجبه العامل لمجرد زيادة رأس المال

Sólo se le permite vivir en la medida en que lo exija el interés de la clase dominante

لا يسمح له بالعيش إلا بقدر ما تقتضيه مصلحة الطبقة الحاكمة.

En la sociedad burguesa, el trabajo vivo no es más que un medio para aumentar el trabajo acumulado

في المجتمع البرجوازي، العمل الحي ليس سوى وسيلة لزيادة العمل المتراكم

En la sociedad comunista, el trabajo acumulado no es más que un medio para ampliar, para enriquecer y para promover la existencia del obrero

في المجتمع الشيوعي، العمل المتراكم ليس سوى وسيلة لتوسيع وإثراء وتعزيز وجود العامل

En la sociedad burguesa, por lo tanto, el pasado domina al presente

في المجتمع البرجوازي، لذلك ،يهيمن الماضي على الحاضر

en la sociedad comunista el presente domina al pasado

في المجتمع الشيوعي الحاضر يهيمن على الماضي

En la sociedad burguesa el capital es independiente y tiene individualidad

في المجتمع البرجوازي رأس المال مستقل وله فردية

En la sociedad burguesa la persona viva es dependiente y no tiene individualidad

في المجتمع البرجوازي،يكون الشخص الحي تابعا وليس له فردية ـ

¡Y la abolición de este estado de cosas es llamada por la burguesía, abolición de la individualidad y de la libertad!

وإلغاء هذه الحالة من الأشياء تسميه البرجوازية،إلغاء الفردية والحرية

¡Y con razón se llama la abolición de la individualidad y de la libertad!

إويسمى بحق إلغاء الفردية والحرية

El comunismo aspira a la abolición de la individualidad burguesa

الشيوعية تهدف إلى إلغاء الفردية البرجوازية

El comunismo pretende la abolición de la independencia burguesa

الشيوعية تعتزم إلغاء استقلال البرجوازية

La libertad burguesa es, sin duda, a lo que aspira el comunismo

حرية البرجوازية هي بلا شك ما تهدف إليه الشيوعية

en las actuales condiciones de producción de la burguesía, la libertad significa libre comercio, libre venta y compra

في ظل ظروف الإنتاج البرجوازية الحالية، تعني الحرية التجارة الحرة والبيع والشراء الحر

Pero si desaparece la venta y la compra, también desaparece la libre venta y la compra

اما اذا اختفى البيع والشراء اختفى البيع والشراء الحر ايضا

Las "palabras valientes" de la burguesía sobre la libre venta y compra sólo tienen sentido en un sentido limitado

" الكلمات الشجاعة "من قبل البرجوازية حول البيع والشراء الحر لها معنى محدود فقط

Estas palabras tienen significado solo en contraste con la venta y la compra restringidas

هذه الكلمات لها معنى فقط على عكس البيع والشراء المقيد.

y estas palabras sólo tienen sentido cuando se aplican a los comerciantes encadenados de la Edad Media

وهذه الكلمات لها معنى فقط عند تطبيقها على التجار المقيدين في العصور الوسطى

y eso supone que estas palabras incluso tienen un significado en un sentido burgués

وهذا يفترض أن هذه الكلمات لها معنى بالمعنى البرجوازي

pero estas palabras no tienen ningún significado cuando se usan para oponerse a la abolición comunista de la compra y venta

لكن هذه الكلمات ليس لها معنى عندما يتم استخدامها لمعارضة الإلغاء الشيوعي للشراء والبيع

las palabras no tienen sentido cuando se usan para oponerse a la abolición de las condiciones de producción de la burguesía

الكلمات ليس لها معنى عندما يتم استخدامها لمعارضة إلغاء شروط الإنتاج البرجوازية

y no tienen ningún sentido cuando se utilizan para oponerse a la abolición de la propia burguesía

وليس لها أي معنى عندما يتم استخدامها لمعارضة إلغاء البرجوازية نفسها

Ustedes están horrorizados de nuestra intención de acabar con la propiedad privada

أنت مرعوب من نيتنا التخلص من الممتلكات الخاصة

Pero en la sociedad actual, la propiedad privada ya ha sido eliminada para las nueve décimas partes de la población

ولكن في مجتمعك الحالي، تم بالفعل التخلص من الملكية الخاصة لتسعة أعشار السكان

La existencia de la propiedad privada para unos pocos se debe únicamente a su inexistencia en manos de las nueve décimas partes de la población

إن وجود الملكية الخاصة للقلة يرجع فقط إلى عدم وجودها في أيدي تسعة أعشار السكان

Por lo tanto, nos reprochas que pretendamos acabar con una forma de propiedad

أنت تلومنا، لذلك ،بنية التخلص من شكل من أشكال الملكية

Pero la propiedad privada requiere la inexistencia de propiedad alguna para la inmensa mayoría de la sociedad

لكن الملكية الخاصة تستلزم عدم وجود أي ممتلكات للغالبية العظمى من المجتمع

En una palabra, nos reprochas que pretendamos acabar con tu propiedad

بكلمة واحدة،أنت تلومنا على نية التخلص من ممتلكاتك

Y es precisamente así; prescindir de su propiedad es justo lo que pretendemos

وهذا هو بالضبط كذلك. التخلص من الممتلكات الخاصة بك هو بالضبط ما نعتزم

Desde el momento en que el trabajo ya no puede convertirse en capital, dinero o renta

من اللحظة التي لم يعد من الممكن فيها تحويل العمل إلى رأس مال أو مال أو إيجار

cuando el trabajo ya no puede convertirse en un poder social capaz de ser monopolizado

عندما لا يعود من الممكن تحويل العمل إلى قوة اجتماعية قادرة على الاحتكار

desde el momento en que la propiedad individual ya no puede transformarse en propiedad burguesa

من اللحظة التي لم يعد من الممكن فيها تحويل الملكية الفردية إلى ملكية برجوازية

desde el momento en que la propiedad individual ya no puede transformarse en capital

من اللحظة التي لم يعد من الممكن فيها تحويل الملكية الفردية إلى رأس مال

A partir de ese momento, dices que la individualidad se desvanece

من تلك اللحظة،تقول إن الفردية تختفي

Debéis confesar, pues, que por "individuo" no os referimos a otra persona que a la burguesía

لذلك يجب أن تعترف بأنك لا تعني بكلمة "فرد "أي شخص آخر غير البرجوازية.

Debes confesar que se refiere específicamente al propietario de una propiedad de clase media

يجب أن تعترف أنه يشير على وجه التحديد إلى مالك العقار من الطبقة الوسطى

Esta persona debe, en verdad, ser barrida del camino, y hecha imposible

يجب بالفعل أن يجرف هذا الشخص بعيدا عن الطريق،ويصبح مستحيلا

El comunismo no priva a ningún hombre del poder de apropiarse de los productos de la sociedad

الشيوعية لا تحرم أي إنسان من القدرة على الاستيلاء على منتجات المجتمع

todo lo que hace el comunismo es privarlo del poder de subyugar el trabajo de otros por medio de tal apropiación

كل ما تفعله الشيوعية هو حرمانه من القدرة على إخضاع عمل الآخرين عن طريق هذا الاستيلاء

Se ha objetado que, tras la abolición de la propiedad privada, cesará todo trabajo

وقد اعترض على أنه عند إلغاء الملكية الخاصة ستتوقف جميع الأعمال

y entonces se sugiere que la pereza universal se apoderará de nosotros

ثم يقترح أن الكسل العالمي سوف يتفوق علينا

De acuerdo con esto, la sociedad burguesa debería haber ido hace mucho tiempo a los perros por pura ociosidad

وفقا لهذا، كان يجب على المجتمع البرجوازي منذ فترة طويلة أن يذهب إلى من خلال الكسل المطلق

porque los de sus miembros que trabajan, no adquieren nada

لأن أولئك الذين يعملون من أعضائها،لا يكتسبون شيئا

y los de sus miembros que adquieren algo, no trabajan

وأولئك من أعضائها الذين يحصلون على أي شيء،لا يعملون

Toda esta objeción no es más que otra expresión de la tautología

كل هذا الاعتراض ليس سوى تعبير آخر عن الحشو

Ya no puede haber trabajo asalariado cuando ya no hay capital

لا يمكن أن يكون هناك أي عمل مأجور عندما لا يكون هناك أي رأس مال

No hay diferencia entre los productos materiales y los productos mentales

لا يوجد فرق بين المنتجات المادية والمنتجات العقلية

El comunismo propone que ambos se producen de la misma manera

تقترح الشيوعية أن يتم إنتاج كلاهما بنفس الطريقة

pero las objeciones contra los modos comunistas de producirlos son las mismas

لكن الاعتراضات ضد الأنماط الشيوعية لإنتاج هذه هي نفسها

para la burguesía, la desaparición de la propiedad de clase es la desaparición de la producción misma

بالنسبة للبرجوازية،فإن اختفاء الملكية الطبقية هو اختفاء الإنتاج نفسه

De modo que la desaparición de la cultura de clase es para él idéntica a la desaparición de toda cultura

لذا فإن اختفاء الثقافة الطبقية بالنسبة له مطابق لاختفاء كل ثقافة

Esa cultura, cuya pérdida lamenta, es para la inmensa mayoría un mero entrenamiento para actuar como una máquina

هذه الثقافة، التي يأسف لفقدانها ، هي بالنسبة للغالبية العظمى مجرد تدريب للعمل كآلة

Los comunistas tienen la firme intención de abolir la cultura de la propiedad burguesa

يعتزم الشيوعيون بشدة إلغاء ثقافة الملكية البرجوازية

Pero no discutan con nosotros mientras apliquen el estándar de sus nociones burguesas de libertad, cultura, ley, etc

لكن لا تتجادلوا معنا طالما أنكم تطبقون معيار مفاهيمكم البرجوازية عن الحرية والثقافة والقانون وما إلى ذلك.

Vuestras mismas ideas no son más que el resultado de las condiciones de la producción burguesa y de la propiedad burguesa

إن أفكاركم ذاتها ليست سوى نتاج ظروف إنتاجكم البرجوازي وممتلكاتكم البرجوازية

del mismo modo que vuestra jurisprudencia no es más que la voluntad de vuestra clase convertida en ley para todos

كما أن اجتهادكم ما هو إلا إرادة طبقتكم التي تحولت إلى قانون للجميع

El carácter esencial y la dirección de esta voluntad están determinados por las condiciones económicas que crea su clase social

يتم تحديد الطابع الأساسي واتجاه هذه الإرادة من خلال الظروف الاقتصادية التي تخلقها طبقتك الاجتماعية

El concepto erróneo egoísta que te induce a transformar las formas sociales en leyes eternas de la naturaleza y de la razón

المفهوم الخاطئ الأناني الذي يدفعك إلى تحويل الأشكال الاجتماعية إلى قوانين أبدية للطبيعة والعقل

las formas sociales que brotan de vuestro actual modo de producción y de vuestra forma de propiedad

الأشكال الاجتماعية المنبثقة من نمط الإنتاج الحالي وشكل الملكية

relaciones históricas que surgen y desaparecen en el
progreso de la producción

العلاقات التاريخية التي ترتفع وتختفي في تقدم الإنتاج

Este concepto erróneo lo compartes con todas las clases
dominantes que te han precedido

هذا المفهوم الخاطئ الذي تشاركه مع كل طبقة حاكمة سبقتك

Lo que se ve claramente en el caso de la propiedad antigua,
lo que se admite en el caso de la propiedad feudal

ما تراه بوضوح في حالة الملكية القديمة، ما تعترف به في حالة الملكية
الإقطاعية

estas cosas, por supuesto, le está prohibido admitir en el caso
de su propia forma burguesa de propiedad

هذه الأشياء ممنوع عليك بالطبع الاعتراف بها في حالة شكل الملكية
البرجوازية الخاص بك

¡Abolición de la familia! Hasta los más radicales estallan
ante esta infame propuesta de los comunistas

إلغاء الأسرة !حتى أكثر الراديكالية اشتعال في هذا الاقتراح سيئ السمعة
للشيوعيين

¿Sobre qué base se asienta la familia actual, la familia
Bourgeoisie?

على أي أساس تقوم الأسرة الحالية،عائلة البرجوازية؟

La base de la familia actual se basa en el capital y la
ganancia privada

يعتمد أساس الأسرة الحالية على رأس المال والمكاسب الخاصة

En su forma completamente desarrollada, esta familia sólo
existe entre la burguesía

في شكلها المتطور تماما،هذه العائلة موجودة فقط بين البرجوازية

Este estado de cosas encuentra su complemento en la
ausencia práctica de la familia entre los proletarios

هذه الحالة من الأشياء تجد تكملتها في الغياب العملي للعائلة بين
البروليتاريين-

Este estado de cosas se puede encontrar en la prostitución
pública

يمكن العثور على هذه الحالة من الأشياء في الدعارة العامة

La familia Bourgeoisie se desvanecerá como algo natural
cuando su complemento se desvanezca

ستختفي العائلة البرجوازية بطبيعة الحال عندما يختفي مكملتها

y ambos se desvanecerán con la desaparición del capital

وكلاهما سوف يختفي مع تلاشي رأس المال

¿Nos acusan de querer detener la explotación de los niños
por parte de sus padres?

هل تتهموننا بالرغبة في وقف استغلال الأطفال من قبل والديهم؟

De este crimen nos declaramos culpables

نعترف بالذنب في هذه الجريمة

Pero, dirás, destruimos la más sagrada de las relaciones,
cuando reemplazamos la educación en el hogar por la
educación social

ولكن،كما ستقولون ،نحن ندمر أقدس العلاقات ، عندما نستبدل التعليم
المنزلي بالتعليم الاجتماعي-

¿No es también social su educación? ¿Y no está determinado
por las condiciones sociales en las que se educa?

أليس تعليمك اجتماعيا أيضا؟ وألا تحدده الظروف الاجتماعية التي
تتعلمون في ظلها؟

por la intervención, directa o indirecta, de la sociedad, por
medio de las escuelas, etc.

من خلال التدخل المباشر أو غير المباشر للمجتمع، عن طريق المدارس
،إلخ -

Los comunistas no han inventado la intervención de la
sociedad en la educación

الشيوعيون لم يخترعوا تدخل المجتمع في التعليم

lo único que pretenden es alterar el carácter de esa
intervención

إنهم يفعلون ذلك لكنهم يسعون إلى تغيير طابع هذا التدخل

y buscan rescatar la educación de la influencia de la clase
dominante

ويسعون إلى إنقاذ التعليم من تأثير الطبقة الحاكمة

La burguesía habla de la sagrada correlación entre padres e
hijos

تتحدث البرجوازية عن العلاقة المشتركة المقدسة بين الوالدين والطفل

pero esta trampa sobre la familia y la educación se vuelve
aún más repugnante cuando miramos a la industria moderna

لكن فخ التصفيق هذا حول الأسرة والتعليم يصبح أكثر إثارة للاشمئزاز عندما ننظر إلى الصناعة الحديثة

Todos los lazos familiares entre los proletarios son desgarrados por la industria moderna

تمزق جميع الروابط الأسرية بين البروليتاريين بسبب الصناعة الحديثة

Sus hijos se transforman en simples artículos de comercio e instrumentos de trabajo

يتم تحويل أطفالهم إلى مواد تجارية بسيطة وأدوات عمل

Pero vosotros, los comunistas, creáis una comunidad de mujeres, grita a coro toda la burguesía

لكنكم أيها الشيوعيون ستخلقون مجتمعا من النساء، تصرخ البرجوازية بأكملها في جوقة

La burguesía ve en su mujer un mero instrumento de producción

يرى البرجوازي في زوجته مجرد أداة للإنتاج

Oye que los instrumentos de producción deben ser explotados por todos

يسمع أن أدوات الإنتاج يجب أن يستغلها الجميع

Y, naturalmente, no puede llegar a otra conclusión que la de que la suerte de ser común a todos recaerá igualmente en las mujeres

وبطبيعة الحال، لا يمكنه التوصل إلى أي استنتاج آخر سوى أن الكثير من القواسم المشتركة بين الجميع ستقع بالمثل على النساء.

Ni siquiera sospecha que el verdadero objetivo es acabar con la condición de la mujer como meros instrumentos de producción

ليس لديه حتى شك في أن الهدف الحقيقي هو التخلص من وضع المرأة كمجرد أدوات للإنتاج.

Por lo demás, nada es más ridículo que la virtuosa indignación de nuestra burguesía contra la comunidad de mujeres

بالنسبة للبقية، ليس هناك ما هو أكثر سخافة من السخط الفاضل لبرجوازيتنا على مجتمع النساء.

pretenden que sea abierta y oficialmente establecida por los comunistas

يتظاهرون بأنه سيتم تأسيسها بشكل علني ورسمي من قبل الشيوعيين

Los comunistas no tienen necesidad de introducir la comunidad de mujeres, ha existido casi desde tiempos inmemoriales

الشيوعيون ليسوا بحاجة إلى إدخال مجتمع من النساء، فقد كان موجودا منذ زمن سحيق تقريبا

Nuestra burguesía no se contenta con tener a su disposición a las mujeres e hijas de sus proletarios

إن برجوازيتنا لا تكتفي بوجود زوجات وبنات البروليتاريين تحت تصرفها.

Tienen el mayor placer en seducir a las esposas de los demás

يأخذون أكبر متعة في إغواء زوجات بعضهم البعض

Y eso sin hablar de las prostitutas comunes

وهذا لا يعني حتى الحديث عن البغايا العاديات

El matrimonio burgués es en realidad un sistema de esposas en común

الزواج البرجوازي هو في الواقع نظام زوجات مشترك

entonces hay una cosa que se podría reprochar a los comunistas

ثم هناك شيء واحد يمكن أن يلوم الشيوعيين عليه

Desean introducir una comunidad de mujeres abiertamente legalizada

إنهم يرغبون في تقديم مجتمع نسائي قانوني بشكل علني

en lugar de una comunidad de mujeres hipócritamente oculta

بدلا من مجتمع نسائي مخفي بشكل منافق

la comunidad de mujeres que surgen del sistema de producción

مجتمع المرأة المنبثق من نظام الإنتاج

abolid el sistema de producción y abolid la comunidad de mujeres

ألغوا نظام الإنتاج،وأنتم تلغون مجتمع النساء

Se suprime la prostitución pública y la prostitución privada

إلغاء كل من الدعارة العامة والدعارة الخاصة

A los comunistas se les reprocha, además, que desean abolir los países y las nacionalidades

الشيوعيون أكثر لوما برغبتهم في إلغاء البلدان والقومية.

Los trabajadores no tienen patria, así que no podemos quitarles lo que no tienen

العمال ليس لديهم وطن،لذلك لا يمكننا أن نأخذ منهم ما لم يحصلوا عليه

El proletariado debe, ante todo, adquirir la supremacía política

يجب على البروليتاريا أولا وقبل كل شيء الحصول على السيادة السياسية

El proletariado debe elevarse para ser la clase dirigente de la nación

يجب أن تنهض البروليتاريا لتكون الطبقة الرائدة في الأمة

El proletariado debe constituirse en la nación

يجب أن تشكل البروليتاريا نفسها الأمة

es, hasta ahora, nacional, aunque no en el sentido burgués de la palabra

إنها، حتى الآن ، وطنية ،وإن لم يكن بالمعنى البرجوازي للكلمة

Las diferencias nacionales y los antagonismos entre los pueblos desaparecen cada día más

الخلافات والعداوات الوطنية بين الشعوب تتلاشى يوميا أكثر فأكثر

debido al desarrollo de la burguesía, a la libertad de comercio, al mercado mundial

بسبب تطور البرجوازية، وحرية التجارة ،والسوق العالمية

a la uniformidad en el modo de producción y en las condiciones de vida correspondientes

إلى التوحيد في نمط الإنتاج وفي ظروف الحياة المقابلة له

La supremacía del proletariado hará que desaparezcan aún más rápidamente

سيادة البروليتاريا ستؤدي إلى اختفائها بشكل أسرع

La acción unida, al menos de los principales países civilizados, es una de las primeras condiciones para la emancipación del proletariado

إن العمل الموحد،للبلدان المتحضرة الرائدة على الأقل ، هو أحد الشروط الأولى لتحرير البروليتاريا۔

En la medida en que se ponga fin a la explotación de un individuo por otro, también se pondrá fin a la explotación de una nación por otra.

بالتناسب مع وضع حد لاستغلال فرد من قبل شخص آخر، فإن استغلال أمة من قبل دولة أخرى سيتم أيضا وضع حد له

A medida que desaparezca el antagonismo entre las clases dentro de la nación, la hostilidad de una nación hacia otra llegará a su fin

بالتناسب مع تلاشي العداء بين الطبقات داخل الأمة، سينتهي عداء أمة لأخرى

Las acusaciones contra el comunismo hechas desde un punto de vista religioso, filosófico y, en general, ideológico, no merecen un examen serio

إن التهم الموجهة ضد الشيوعية من وجهة نظر دينية وفلسفية، وبشكل عام من وجهة نظر أيديولوجية،لا تستحق فحصا جادا

¿Se requiere una intuición profunda para comprender que las ideas, puntos de vista y concepciones del hombre cambian con cada cambio en las condiciones de su existencia material?

هل يتطلب الأمر حدسا عميقا لفهم أن أفكار الإنسان وآرائه وتصوراته تتغير مع كل تغيير في ظروف وجوده المادي؟

¿No es obvio que la conciencia del hombre cambia cuando cambian sus relaciones sociales y su vida social?

أليس من الواضح أن وعي الإنسان يتغير عندما تتغير علاقاته الاجتماعية وحياته الاجتماعية؟

¿Qué otra cosa prueba la historia de las ideas sino que la producción intelectual cambia de carácter a medida que cambia la producción material?

ماذا يثبت تاريخ الأفكار، غير أن الإنتاج الفكري يغير طابعه بالتناسب مع تغير الإنتاج المادي؟

Las ideas dominantes de cada época han sido siempre las ideas de su clase dominante

الأفكار الحاكمة في كل عصر كانت أفكار الطبقة الحاكمة

Cuando se habla de ideas que revolucionan la sociedad, no hace más que expresar un hecho

عندما يتحدث الناس عن الأفكار التي تحدث ثورة في المجتمع، فإنهم يفعلون ذلك ولكنهم يعبرون عن حقيقة واحدة

Dentro de la vieja sociedad, se han creado los elementos de una nueva

داخل المجتمع القديم،تم إنشاء عناصر مجتمع جديد

y que la disolución de las viejas ideas sigue el mismo ritmo que la disolución de las viejas condiciones de existencia

وأن انحلال الأفكار القديمة يواكب انحلال الظروف القديمة للوجود

Cuando el mundo antiguo estaba en sus últimos estertores, las religiones antiguas fueron vencidas por el cristianismo

عندما كان العالم القديم في مخاضه الأخير، تغلبت المسيحية على الأديان القديمة

Cuando las ideas cristianas sucumbieron en el siglo XVIII a las ideas racionalistas, la sociedad feudal libró su batalla a muerte contra la burguesía revolucionaria de entonces

عندما استسلمت الأفكار المسيحية في القرن 18 للأفكار العقلانية، خاض المجتمع الإقطاعي معركة الموت مع البرجوازية الثورية آنذاك

Las ideas de la libertad religiosa y de la libertad de conciencia no hacían más que expresar el dominio de la libre competencia en el dominio del conocimiento

إن أفكار الحرية الدينية وحرية الضمير لم تعبر إلا عن تأثير المنافسة الحرة في مجال المعرفة.

"Indudablemente", se dirá, "las ideas religiosas, morales, filosóficas y jurídicas se han modificado en el curso del desarrollo histórico"

" مما لا شك فيه أن الأفكار الدينية والأخلاقية والفلسفية والقانونية قد تم تعديلها في سياق التطور التاريخي"

"Pero la religión, la filosofía de la moral, la ciencia política y el derecho, sobrevivieron constantemente a este cambio"

" لكن الدين وفلسفة الأخلاق والعلوم السياسية والقانون نجت باستمرار من هذا التغيير "

"También hay verdades eternas, como la Libertad, la Justicia, etc."

" هناك أيضا حقائق أبدية،مثل الحرية والعدالة وما إلى ذلك "

"Estas verdades eternas son comunes a todos los estados de la sociedad"

"هذه الحقائق الأبدية مشتركة بين جميع حالات المجتمع"

"Pero el comunismo suprime las verdades eternas, suprime toda religión y toda moral"

" لكن الشيوعية تلغي الحقائق الأبدية، وتلغي كل الدين ،وكل الأخلاق "

"Lo hace en lugar de constituirlos sobre una nueva base"

"إنها تفعل ذلك بدلا من تشكيلها على أساس جديد"

"Por lo tanto, actúa en contradicción con toda la experiencia histórica pasada"

"لذلك فهو يتناقض مع كل التجارب التاريخية الماضية"

¿A qué se reduce esta acusación?

إلى ماذا يختزل هذا الاتهام؟

La historia de toda la sociedad pasada ha consistido en el desarrollo de antagonismos de clase

تألف تاريخ كل المجتمع الماضي في تطور العداوات الطبقية.

antagonismos que asumieron diferentes formas en diferentes épocas

التناقضات التي اتخذت أشكالا مختلفة في عصور مختلفة

Pero cualquiera que sea la forma que hayan tomado, un hecho es común a todas las épocas pasadas

ولكن مهما كان الشكل الذي اتخذوه، هناك حقيقة واحدة مشتركة بين جميع العصور الماضية

la explotación de una parte de la sociedad por la otra

استغلال جزء من المجتمع من قبل الأخر

No es de extrañar, pues, que la conciencia social de épocas pasadas se mueva dentro de ciertas formas comunes o ideas generales

لا عجب إذن أن يتحرك الوعي الاجتماعي في العصور الماضية ضمن أشكال مشتركة معينة،أو أفكار عامة ۔

(y eso a pesar de toda la multiplicidad y variedad que muestra)

(وهذا على الرغم من كل التعدد والتنوع الذي يعرضه)

y éstos no pueden desaparecer por completo sino con la desaparición total de los antagonismos de clase

ولا يمكن أن تختفي هذه تماما إلا مع الاختفاء التام للعداوات الطبقية.

La revolución comunista es la ruptura más radical con las relaciones tradicionales de propiedad

الثورة الشيوعية هي القطيعة الأكثر جذرية مع علاقات الملكية التقليدية

No es de extrañar que su desarrollo implique la ruptura más radical con las ideas tradicionales

لا عجب أن تطورها ينطوي على تمزق جذري مع الأفكار التقليدية.

Pero dejemos de lado las objeciones de la burguesía al comunismo

لكن دعونا نفعل مع اعتراضات البرجوازية على الشيوعية

Hemos visto más arriba el primer paso de la revolución de la clase obrera

لقد رأينا أعلاه الخطوة الأولى في الثورة من قبل الطبقة العاملة

Hay que elevar al proletariado a la posición de gobernante, para ganar la batalla de la democracia

يجب رفع البروليتاريا إلى موقع الحكم،لكسب معركة الديمقراطية .

El proletariado utilizará su supremacía política para arrebatar, poco a poco, todo el capital a la burguesía

ستستخدم البروليتاريا تفوقها السياسي لانتزاع كل رأس المال من البرجوازية بدرجات.

centralizará todos los instrumentos de producción en manos del Estado

ستركز جميع أدوات الإنتاج في أيدي الدولة

En otras palabras, el proletariado organizado como clase dominante

وبعبارة أخرى،نظمت البروليتاريا كطبقة حاكمة

y aumentará el total de las fuerzas productivas lo más rápidamente posible

وسيزيد من مجموع القوى المنتجة في أسرع وقت ممكن

Por supuesto, al principio, esto no puede llevarse a cabo sino por medio de incursiones despóticas en los derechos de propiedad

بالطبع، في البداية ، لا يمكن تحقيق ذلك إلا عن طريق الاختراقات الاستبدادية لحقوق الملكية

y tiene que lograrse en las condiciones de la producción burguesa

ويجب أن يتحقق ذلك وفقا لظروف الإنتاج البرجوازي

Por lo tanto, se logra mediante medidas que parecen económicamente insuficientes e insostenibles

يتم تحقيقه عن طريق التدابير، وبالتالي ، والتي تبدو غير كافية اقتصاديا ولا يمكن الدفاع عنها.

pero estos medios, en el curso del movimiento, se superan a sí mismos

لكن هذه الوسائل، في سياق الحركة ،تفوق نفسها

Requieren nuevas incursiones en el viejo orden social

إنها تتطلب المزيد من الاختراقات على النظام الاجتماعي القديم

y son ineludibles como medio de revolucionar por completo el modo de producción

وهي لا مفر منها كوسيلة لإحداث ثورة كاملة في نمط الإنتاج

Por supuesto, estas medidas serán diferentes en los distintos países

ستكون هذه التدابير بالطبع مختلفة في مختلف البلدان

Sin embargo, en los países más avanzados, lo siguiente será de aplicación bastante general

ومع ذلك، في البلدان الأكثر تقدما ، سيكون ما يلي قابلا للتطبيق بشكل عام

1. Abolición de la propiedad de la tierra y aplicación de todas las rentas de la tierra a fines públicos.

1ـ إلغاء الملكية في الأراضي وتطبيق جميع إيجارات الأراضي للأغراض العامة.

2. Un fuerte impuesto progresivo o gradual sobre la renta.

2ـضريبة دخل تصاعدية أو متدرجة ثقيلة ـ

3. Abolición de todo derecho de herencia.

3ـإلغاء جميع حقوق الميراث ـ

4. Confiscación de los bienes de todos los emigrantes y rebeldes.

4ـمصادرة ممتلكات جميع المهاجرين والمتمردين ـ

5. Centralización del crédito en manos del Estado, por medio de un banco nacional de capital estatal y monopolio exclusivo.

5ـمركزية الائتمان في يد الدولة ، عن طريق بنك وطني برأس مال الدولة واحتكار حصري-

6. Centralización de los medios de comunicación y transporte en manos del Estado.

مركزية وسائل الاتصال والنقل في يد الدولة -6ـ

7. Ampliación de fábricas e instrumentos de producción propiedad del Estado

توسعة المصانع وأدوات الإنتاج المملوكة للدولة -7ـ

la puesta en cultivo de tierras baldías y el mejoramiento del suelo en general de acuerdo con un plan común.

جلب الأراضي البور إلى الزراعة، وتحسين التربة بشكل عام وفقا لخطة مشتركة.

8. Igual responsabilidad de todos hacia el trabajo

8ـالمسؤولية المتساوية للجميع عن العمل

Establecimiento de ejércitos industriales, especialmente para la agricultura.

إنشاء الجيوش الصناعية،وخاصة للزراعة ـ

9. Combinación de la agricultura con las industrias manufactureras

9ـمزيج من الزراعة مع الصناعات التحويلية

Abolición gradual de la distinción entre la ciudad y el campo, por una distribución más equitativa de la población en todo el país.

الإلغاء التدريجي للتمييز بين المدينة والريف، من خلال توزيع أكثر مساواة للسكان في جميع أنحاء البلادـ

10. Educación gratuita para todos los niños en las escuelas públicas.

10ـالتعليم المجاني لجميع الأطفال في المدارس العامة ـ

Abolición del trabajo infantil en las fábricas en su forma actual

إلغاء عمل الأطفال في المصانع بشكله الحالي

Combinación de la educación con la producción industrial

مزيج من التعليم مع الإنتاج الصناعي

Cuando, en el curso del desarrollo, las distinciones de clase han desaparecido

عندما تختفي الفروق الطبقية في سياق التطور

y cuando toda la producción se ha concentrado en manos de una vasta asociación de toda la nación

وعندما يتركز كل الإنتاج في أيدي جمعية واسعة من الأمة كلها

entonces el poder público perderá su carácter político

عندها ستفقد السلطة العامة طابعها السياسي

El poder político, propiamente dicho, no es más que el poder organizado de una clase para oprimir a otra

السلطة السياسية، التي تسمى بشكل صحيح ، هي مجرد قوة منظمة لطبقة واحدة لقمع طبقة أخرى

Si el proletariado, en su lucha contra la burguesía, se ve obligado, por la fuerza de las circunstancias, a organizarse como clase

إذا اضطرت البروليتاريا خلال صراعها مع البرجوازية، بقوة الظروف، إلى تنظيم نفسها كطبقة،

si, por medio de una revolución, se convierte en la clase dominante

إذا،عن طريق الثورة ،جعلت نفسها الطبقة الحاكمة

y, como tal, barre por la fuerza las viejas condiciones de producción

وعلى هذا النحو،فإنه يجرف بالقوة ظروف الإنتاج القديمة

entonces, junto con estas condiciones, habrá barrido las condiciones para la existencia de los antagonismos de clase y de las clases en general

عندها، إلى جانب هذه الظروف ، قد جرفت شروط وجود التناقضات الطبقية والطبقات بشكل عام.

y con ello habrá abolido su propia supremacía como clase.

وبذلك تكون قد ألغت تفوقها كطبقة.

En lugar de la vieja sociedad burguesa, con sus clases y sus antagonismos de clase, tendremos una asociación

بدلا من المجتمع البرجوازي القديم،بطبقاته وتناقضاته الطبقية ، سيكون لدينا رابطة.

una asociación en la que el libre desarrollo de cada uno sea la condición para el libre desarrollo de todos

جمعية يكون فيها التطور الحر لكل فرد شرطا للتطور الحر للجميع

1) Socialismo reaccionario

الاشتراكية الرجعية

a) Socialismo feudal

أ (الاشتراكية الإقطاعية

las aristocracias de Francia e Inglaterra tenían una posición histórica única

كان للأرستقراطيات في فرنسا وإنجلترا موقع تاريخي فريد

se convirtió en su vocación escribir panfletos contra la sociedad burguesa moderna

أصبحت مهنتهم كتابة كتيبات ضد المجتمع البرجوازي الحديث

En la Revolución Francesa de julio de 1830 y en la agitación reformista inglesa

في الثورة الفرنسية في يوليو 1830، وفي التحريض على الإصلاح الإنجليزي

Estas aristocracias sucumbieron de nuevo ante el odioso advenedizo

استسلمت هذه الأرستقراطيات مرة أخرى للمغرور البغيض

A partir de entonces, una contienda política seria quedó totalmente fuera de discusión

من الآن فصاعدا،كان التنافس السياسي الجاد غير وارد تماما ـ

Todo lo que quedaba posible era una batalla literaria, no una batalla real

كل ما تبقى ممكنا هو معركة أدبية وليست معركة فعلية

Pero incluso en el dominio de la literatura, los viejos gritos del período de la restauración se habían vuelto imposibles

ولكن حتى في مجال الأدب، أصبحت الصرخات القديمة لفترة الاستعادة مستحيلة.

Para despertar simpatías, la aristocracia se vio obligada a perder de vista, aparentemente, sus propios intereses

من أجل إثارة التعاطف، اضطرت الطبقة الأرستقراطية إلى إغفال مصالحها الخاصة، على ما يبدو ،

y se vieron obligados a formular su acusación contra la burguesía en interés de la clase obrera explotada

واضطروا إلى صياغة لائحة اتهامهم ضد البرجوازية لصالح الطبقة
العاملة المستغلة

Así, la aristocracia se vengó cantando sátiras a su nuevo amo

وهكذا انتقمت الأرستقراطية من خلال غناء السخرية على سيدهم الجديد

y se vengaron susurrándole al oído siniestras profecías de
catástrofe venidera

وأخذوا ثأرهم بهمس في أذنيه نبوءات شريرة عن كارثة قادمة

De esta manera surgió el socialismo feudal: mitad
lamentación, mitad sátira

بهذه الطريقة نشأت الاشتراكية الإقطاعية :نصف رثاء، نصف سخرية

Sonaba como medio eco del pasado y proyectaba mitad
amenaza del futuro

لقد رن كنصف صدى للماضي، وتوقع نصف تهديد للمستقبل

a veces, con su crítica amarga, ingeniosa e incisiva, golpeó a
la burguesía hasta la médula

في بعض الأحيان، من خلال نقدها المرير والبارع والقاطع ، ضربت
البرجوازية في صميم القلب

pero siempre fue ridículo en su efecto, por su total
incapacidad para comprender la marcha de la historia
moderna

لكنه كان دائما سخيفا في تأثيره، من خلال العجز التام عن فهم مسيرة
التاريخ الحديث.

La aristocracia, con el fin de atraer al pueblo hacia ellos,
agitaba la bolsa de limosnas proletaria delante como una
bandera

الأرستقراطية، من أجل حشد الناس لهم ، لوحوا بحقيبة الصدقات
البروليتارية أمام لافتة

Pero el pueblo, tan a menudo como se unía a ellos, veía en
sus cuartos traseros los antiguos escudos de armas feudales

لكن الناس، في كثير من الأحيان عندما انضموا إليهم ، رأوا على
مؤخرتهم شعارات النبالة الإقطاعية القديمة.

y desertaron con carcajadas ruidosas e irreverentes

وهجروا بضحك عال وغير موقر

Un sector de los legitimistas franceses y de la "Joven
Inglaterra" exhibió este espectáculo

عرض قسم واحد من الشرعيين الفرنسيين و "إنجلترا الشابة "هذا المشهد

los feudales señalaban que su modo de explotación era diferente al de la burguesía

أشار الإقطاعيون إلى أن طريقة استغلالهم كانت مختلفة عن طريقة البرجوازية

Los feudales olvidan que explotaron en circunstancias y condiciones muy diferentes

ينسى الإقطاعيون أنهم استغلوا في ظل ظروف وظروف مختلفة تماما

Y no se dieron cuenta de que tales métodos de explotación ahora son anticuados

ولم يلاحظوا أن أساليب الاستغلال هذه أصبحت الآن قديمة

demostraron que, bajo su gobierno, el proletariado moderno nunca existió

لقد أظهروا أنه في ظل حكمهم،لم تكن البروليتاريا الحديثة موجودة أبدا .

pero olvidan que la burguesía moderna es el vástago necesario de su propia forma de sociedad

لكنهم ينسون أن البرجوازية الحديثة هي النسل الضروري لشكلهم الخاص من المجتمع.

Por lo demás, apenas ocultan el carácter reaccionario de su crítica

أما بالنسبة للبقية،فإنهم بالكاد يخفون الطابع الرجعي لانتقاداتهم .

su principal acusación contra la burguesía es la siguiente

إن اتهامهم الرئيسي ضد البرجوازية يرقى إلى ما يلي:

bajo el régimen de la burguesía se está desarrollando una clase social

في ظل النظام البرجوازي يتم تطوير طبقة اجتماعية

Esta clase social está destinada a cortar de raíz el viejo orden de la sociedad

هذه الطبقة الاجتماعية مقدر لها أن تقطع جذورها وتتفرع من النظام القديم للمجتمع

Lo que reprochan a la burguesía no es tanto que cree un proletariado

ما يزعجون به البرجوازية ليس بقدر ما يخلق البروليتاريا.

lo que reprochan a la burguesía es más bien que crea un proletariado revolucionario

ما يرفعون به البرجوازية هو أكثر من ذلك أنه يخلق بروليتاريا ثورية

En la práctica política, por lo tanto, se unen a todas las medidas coercitivas contra la clase obrera

في الممارسة السياسية، لذلك ، ينضمون إلى جميع التدابير القسرية ضد الطبقة العاملة

Y en la vida ordinaria, a pesar de sus frases altisonantes, se inclinan a recoger las manzanas de oro que caen del árbol de la industria

وفي الحياة العادية، على الرغم من عباراتهم العالية ، فإنهم ينحدرون لالتقاط التفاح الذهبي الذي تم إسقاطه من شجرة الصناعة

y trocan la verdad, el amor y el honor por el comercio de lana, azúcar de remolacha y aguardiente de patata

وهم يقايضون الحقيقة والحب والشرف بالتجارة في الصوف وسكر الشمندر وأرواح البطاطس

Así como el párroco ha ido siempre de la mano con el terrateniente, así también lo ha hecho el socialismo clerical con el socialismo feudal

كما سار القسيس جنبا إلى جنب مع المالك، كذلك فعلت الاشتراكية الإكليريكية مع الاشتراكية الإقطاعية

Nada es más fácil que dar al ascetismo cristiano un tinte socialista

ليس هناك ما هو أسهل من إعطاء الزهد المسيحي مسحة اشتراكية

¿No ha declamado el cristianismo contra la propiedad privada, contra el matrimonio, contra el Estado?

ألم تعلن المسيحية ضد الملكية الخاصة، ضد الزواج ، ضد الدولة؟

¿No ha predicado el cristianismo en lugar de estos, la caridad y la pobreza?

ألم تبشر المسيحية بدلا من هذه الصدقة والفقر؟

¿Acaso el cristianismo no predica el celibato y la mortificación de la carne, la vida monástica y la Madre Iglesia?

ألا تبشر المسيحية بالعزوبة وإماتة الجسد والحياة الرهبانية والكنيسة الأم؟

El socialismo cristiano no es más que el agua bendita con la que el sacerdote consagra los ardores del corazón del aristócrata

الاشتراكية المسيحية ليست سوى الماء المقدس الذي يكرس به الكاهن حرق قلب الأرستقراطي

b) Socialismo pequeñoburgués

ب (الاشتراكية البرجوازية الصغيرة

La aristocracia feudal no fue la única clase arruinada por la burguesía

لم تكن الأرستقراطية الإقطاعية هي الطبقة الوحيدة التي دمرتها البرجوازية

no fue la única clase cuyas condiciones de existencia languidecieron y perecieron en la atmósfera de la sociedad burguesa moderna

لم تكن الطبقة الوحيدة التي كانت ظروف وجودها معلقة وهلكت في جو المجتمع البرجوازي الحديث.

Los burgueses medievales y los pequeños propietarios campesinos fueron los precursores de la burguesía moderna

كان البرجيس في العصور الوسطى وصغار الفلاحين المالكين هم سلائف البرجوازية الحديثة

En los países poco desarrollados, industrial y comercialmente, estas dos clases siguen vegetando una al lado de la otra

في تلك البلدان التي ليست سوى القليل من النمو، صناعيا وتجاريا ، لا تزال هاتان الفئتان تزرعان جنبا إلى جنب

y mientras tanto la burguesía se levanta junto a ellos: industrial, comercial y políticamente

وفي هذه الأثناء تنهض البرجوازية بجانبهم :صناعيا وتجاريا وسياسيا.

En los países donde la civilización moderna se ha desarrollado plenamente, se ha formado una nueva clase de pequeña burguesía

في البلدان التي أصبحت فيها الحضارة الحديثة متطورة بالكامل، تم تشكيل طبقة جديدة من البرجوازية الصغيرة

esta nueva clase social fluctúa entre el proletariado y la burguesía

هذه الطبقة الاجتماعية الجديدة تتقلب بين البروليتاريا والبرجوازية

y siempre se renueva como parte complementaria de la sociedad burguesa

وهي تجدد نفسها باستمرار كجزء مكمل للمجتمع البرجوازي

Sin embargo, los miembros individuales de esta clase son constantemente arrojados al proletariado

ومع ذلك، يتم إلقاء أعضاء هذه الطبقة باستمرار في البروليتاريا

son absorbidos por el proletariado a través de la acción de la competencia

يتم امتصاصهم من قبل البروليتاريا من خلال عمل المنافسة

A medida que la industria moderna se desarrolla, incluso ven acercarse el momento en que desaparecerán por completo como sección independiente de la sociedad moderna

مع تطور الصناعة الحديثة، يرون حتى اللحظة التي ستختفي فيها تماما كقسم مستقل من المجتمع الحديث.

Serán reemplazados, en las manufacturas, la agricultura y el comercio, por vigilantes, alguaciles y tenderos

سيتم استبدالهم، في المصنوعات والزراعة والتجارة ، من قبل المتفرجين والمحضرين والمتاجرين

En países como Francia, donde los campesinos constituyen mucho más de la mitad de la población

في بلدان مثل فرنسا، حيث يشكل الفلاحون أكثر بكثير من نصف السكان

era natural que hubiera escritores que se pusieran del lado del proletariado contra la burguesía

كان من الطبيعي أن يكون هناك كتاب وقفوا إلى جانب البروليتاريا ضد البرجوازية

en su crítica al régimen burgués utilizaron el estandarte de la pequeña burguesía campesina

في نقدهم للنظام البرجوازي استخدموا معيار الفلاحين والبرجوازية الصغيرة

Y desde el punto de vista de estas clases intermedias, toman el garrote de la clase obrera

ومن وجهة نظر هذه الطبقات الوسيطة، فإنهم يأخذون الهراوات للطبقة العاملة

Así surgió el socialismo pequeñoburgués, del que Sismondi era el jefe de esta escuela, no sólo en Francia, sino también en Inglaterra

وهكذا نشأت الاشتراكية البرجوازية الصغيرة، التي كان سيسموندي رئيسا لهذه المدرسة،ليس فقط في فرنسا ولكن أيضا في إنجلترا -

Esta escuela del socialismo diseccionó con gran agudeza las contradicciones de las condiciones de producción moderna

لقد شرحت هذه المدرسة الاشتراكية بحدة شديدة التناقضات في ظروف الإنتاج الحديث.

Esta escuela puso al descubierto las apologías hipócritas de los economistas

كشفت هذه المدرسة عن الاعتذارات المنافقة للاقتصاديين

Esta escuela demostró, incontrovertiblemente, los efectos desastrosos de la maquinaria y de la división del trabajo

أثبتت هذه المدرسة، بشكل لا جدال فيه ، الآثار الكارثية للآلات وتقسيم العمل

Probó la concentración del capital y de la tierra en pocas manos

أثبتت تركيز رأس المال والأرض في أيدي عدد قليل

demostró cómo la sobreproducción conduce a las crisis de la burguesía

لقد أثبت كيف يؤدي الإفراط في الإنتاج إلى أزمات البرجوازية

señalaba la ruina inevitable de la pequeña burguesía y del campesino

وأشار إلى الخراب الحتمي للبرجوازية الصغيرة والفلاحين

la miseria del proletariado, la anarquía en la producción, las desigualdades flagrantes en la distribución de la riqueza

بؤس البروليتاريا، والفوضى في الإنتاج ، والتفاوتات المزعجة في توزيع الثروة

Mostró cómo el sistema de producción lidera la guerra industrial de exterminio entre naciones

أظهر كيف يقود نظام الإنتاج حرب الإبادة الصناعية بين الأمم

la disolución de los viejos lazos morales, de las viejas relaciones familiares, de las viejas nacionalidades

انحلال الروابط الأخلاقية القديمة، والعلاقات الأسرية القديمة ، والقوميات القديمة

Sin embargo, en sus objetivos positivos, esta forma de socialismo aspira a lograr una de dos cosas

ومع ذلك، في أهدافه الإيجابية ، يطمح هذا الشكل من الاشتراكية إلى تحقيق أحد أمرين

o bien pretende restaurar los antiguos medios de producción y de intercambio

إما أن يهدف إلى استعادة وسائل الإنتاج والتبادل القديمة.

y con los viejos medios de producción restauraría las viejas relaciones de propiedad y la vieja sociedad

ومع وسائل الإنتاج القديمة، ستعيد علاقات الملكية القديمة والمجتمع القديم

o pretende apretar los medios modernos de producción e intercambio en el viejo marco de las relaciones de propiedad

أو يهدف إلى تضييق وسائل الإنتاج الحديثة والتبادل في الإطار القديم لعلاقات الملكية

En cualquier caso, es a la vez reaccionario y utópico

في كلتا الحالتين، فهي رجعية وطوباوية على حد سواء

Sus últimas palabras son: gremios corporativos para la manufactura, relaciones patriarcales en la agricultura

كلماتها الأخيرة هي: نقابات الشركات للتصنيع، والعلاقات الأبوية في الزراعة

En última instancia, cuando los obstinados hechos históricos habían dispersado todos los efectos embriagadores del autoengaño

في نهاية المطاف، عندما بددت الحقائق التاريخية العنيدة كل الآثار المسكرة لخداع الذات

esta forma de socialismo terminó en un miserable ataque de lástima

انتهى هذا الشكل من الاشتراكية بنوبة بائسة من الشفقة

c) Socialismo alemán o "verdadero"

ج (الاشتراكية الألمانية أو "الحقيقية"

La literatura socialista y comunista de Francia se originó bajo la presión de una burguesía en el poder

نشأ الأدب الاشتراكي والشيوعي في فرنسا تحت ضغط البرجوازية في السلطة

Y esta literatura era la expresión de la lucha contra este poder

وكان هذا الأدب تعبيرا عن النضال ضد هذه السلطة

se introdujo en Alemania en un momento en que la burguesía acababa de comenzar su lucha contra el absolutismo feudal

تم إدخاله إلى ألمانيا في وقت كانت فيه البرجوازية قد بدأت لتوها صراعها مع الحكم المطلق الإقطاعي

Los filósofos alemanes, los aspirantes a filósofos y los beaux esprits, se apoderaron con avidez de esta literatura

استولى الفلاسفة الألمان، والفلاسفة المحتملون ، والعفريت الجميلون ، بشغف على هذا الأدب

pero olvidaron que los escritos emigraron de Francia a Alemania sin traer consigo las condiciones sociales francesas

لكنهم نسوا أن الكتابات هاجرت من فرنسا إلى ألمانيا دون جلب الظروف الاجتماعية الفرنسية

En contacto con las condiciones sociales alemanas, esta literatura francesa perdió toda su significación práctica inmediata

في اتصال مع الظروف الاجتماعية الألمانية، فقد هذا الأدب الفرنسي كل أهميته العملية المباشرة

y la literatura comunista de Francia asumió un aspecto puramente literario en los círculos académicos alemanes

واتخذ الأدب الشيوعي الفرنسي جانبا أدبيا بحتا في الأوساط الأكاديمية الألمانية

Así, las exigencias de la primera Revolución Francesa no eran más que las exigencias de la "Razón Práctica"

وهكذا، لم تكن مطالب الثورة الفرنسية الأولى أكثر من مطالب "العقل العملي"

y la expresión de la voluntad de la burguesía revolucionaria francesa significaba a sus ojos la ley de la voluntad pura

ونطق إرادة البرجوازية الفرنسية الثورية يدل في أعينهم على قانون الإرادة الخالصة

significaba la Voluntad tal como estaba destinada a ser; de la verdadera Voluntad humana en general

كان يدل على الإرادة كما كان لا بد أن يكون. الإرادة البشرية الحقيقية بشكل عام

El mundo de los literatos alemanes consistía únicamente en armonizar las nuevas ideas francesas con su antigua conciencia filosófica

يتألف عالم الأدباء الألمان فقط من جعل الأفكار الفرنسية الجديدة تنسجم مع ضميرهم الفلسفي القديم.

o mejor dicho, se anexionaron las ideas francesas sin abandonar su propio punto de vista filosófico

أو بالأحرى، ضموا الأفكار الفرنسية دون التخلي عن وجهة نظرهم الفلسفية الخاصة

Esta anexión se llevó a cabo de la misma manera en que se apropia una lengua extranjera, es decir, por traducción

تم هذا الضم بنفس الطريقة التي يتم بها الاستيلاء على لغة أجنبية، أي عن طريق الترجمة

Es bien sabido cómo los monjes escribieron vidas tontas de santos católicos sobre manuscritos

من المعروف جيدا كيف كتب الرهبان حياة سخيفة للقديسين الكاثوليك على المخطوطات

los manuscritos sobre los que se habían escrito las obras clásicas del antiguo paganismo

المخطوطات التي كتبت عليها الأعمال الكلاسيكية للوثنية القديمة

Los literatos alemanes invirtieron este proceso con la literatura profana francesa

عكس الأدباء الألمان هذه العملية بالأدب الفرنسي المدنس

Escribieron sus tonterías filosóficas bajo el original francés

لقد كتبوا هراءهم الفلسفي تحت الأصل الفرنسي

Por ejemplo, debajo de la crítica francesa a las funciones económicas del dinero, escribieron "Alienación de la humanidad"

على سبيل المثال، تحت النقد الفرنسي للوظائف الاقتصادية للمال ، كتبوا
"اغتراب الإنسانية"

debajo de la crítica francesa al Estado burgués escribieron
"destronamiento de la categoría de general"

"تحت النقد الفرنسي للدولة البرجوازية كتبوا "خلع فئة الجنرال

La introducción de estas frases filosóficas en el reverso de
las críticas históricas francesas las denominó:

مقدمة هذه العبارات الفلسفية في الجزء الخلفي من الانتقادات التاريخية
الفرنسية التي أطلقوا عليها:

"Filosofía de la acción", "Socialismo verdadero", "Ciencia
alemana del socialismo", "Fundamentos filosóficos del
socialismo", etc

" فلسفة العمل، "الاشتراكية الحقيقية" ، "علم الاشتراكية الألماني" ،
"الأساس الفلسفي للاشتراكية"، وما إلى ذلك

De este modo, la literatura socialista y comunista francesa
quedó completamente castrada

وهكذا تم إضعاف الأدب الاشتراكي والشيوعي الفرنسي تماما

en manos de los filósofos alemanes dejó de expresar la lucha
de una clase con la otra

في أيدي الفلاسفة الألمان توقفت عن التعبير عن صراع طبقة واحدة مع
الأخرى-

y así los filósofos alemanes se sintieron conscientes de haber
superado la "unilateralidad francesa"

"وهكذا شعر الفلاسفة الألمان بالوعي بأنهم تغلبوا على "الانحياز الفرنسي

no tenía que representar requisitos verdaderos, sino que
representaba requisitos de verdad

لم يكن من الضروري أن تمثل المتطلبات الحقيقية، بل كانت تمثل
متطلبات الحقيقة

no había interés en el proletariado, más bien, había interés
en la Naturaleza Humana

لم يكن هناك اهتمام بالبروليتاريا، بل كان هناك اهتمام بالطبيعة البشرية

el interés estaba en el Hombre en general, que no pertenece
a ninguna clase y no tiene realidad

كان الاهتمام بالإنسان بشكل عام، الذي لا ينتمي إلى طبقة ، وليس له
واقع

Un hombre que sólo existe en el brumoso reino de la
fantasía filosófica

رجل موجود فقط في عالم ضبابي من الخيال الفلسفي

pero con el tiempo este colegial socialismo alemán también
perdió su inocencia pedante

ولكن في نهاية المطاف فقدت الاشتراكية الألمانية هذه التلميذة أيضا
براءتها المتحذلقة.

la burguesía alemana, y especialmente la burguesía
prusiana, lucharon contra la aristocracia feudal

حاربت البرجوازية الألمانية، وخاصة البرجوازية البروسية ضد
الأرستقراطية الإقطاعية

la monarquía absoluta de Alemania y Prusia también estaba
siendo combatida

كما تم محاربة الملكية المطلقة لألمانيا وبروسيا

Y a su vez, la literatura del movimiento liberal también se
hizo más seria

وفي المقابل، أصبحت أدبيات الحركة الليبرالية أكثر جدية

Se le ofreció a Alemania la tan deseada oportunidad del
"verdadero" socialismo

"تم تقديم فرصة ألمانيا التي طال انتظارها للاشتراكية "الحقيقية

la oportunidad de confrontar al movimiento político con las
reivindicaciones socialistas

فرصة مواجهة الحركة السياسية بالمطالب الاشتراكية

la oportunidad de lanzar los anatemas tradicionales contra el
liberalismo

فرصة إلقاء اللعنة التقليدية ضد الليبرالية

la oportunidad de atacar al gobierno representativo y a la
competencia burguesa

فرصة لمهاجمة الحكومة التمثيلية والمنافسة البرجوازية

Libertad de prensa burguesa, Legislación burguesa, Libertad
e igualdad burguesa

حرية الصحافة البرجوازية،التشريعات البرجوازية ، الحرية والمساواة
البرجوازية

Todo esto ahora podría ser criticado en el mundo real, en
lugar de en la fantasía

كل هذه الأمور يمكن الآن نقدها في العالم الحقيقي، وليس في الخيال

La aristocracia feudal y la monarquía absoluta habían predicado durante mucho tiempo a las masas

لطالما بشرت الأرستقراطية الإقطاعية والملكية المطلقة للجماهير

"El obrero no tiene nada que perder y tiene todo que ganar"

" الرجل العامل ليس لديه ما يخسره، "ولديه كل شيء يكسبه

el movimiento burgués también ofrecía la oportunidad de hacer frente a estos tópicos

كما قدمت الحركة البرجوازية فرصة لمواجهة هذه التفاهات.

la crítica francesa presuponía la existencia de la sociedad burguesa moderna

افترض النقد الفرنسي وجود مجتمع برجوازي حديث

Las condiciones económicas de existencia de la burguesía y la constitución política de la burguesía

شروط الوجود الاقتصادية البرجوازية والدستور السياسي البرجوازي

las mismas cosas cuya consecución era el objeto de la lucha pendiente en Alemania

الأشياء ذاتها التي كان تحقيقها موضوع النضال المعلق في ألمانيا

El estúpido eco del socialismo alemán abandonó estos objetivos justo a tiempo

لقد تخلى صدى ألمانيا السخيف للاشتراكية عن هذه الأهداف في الوقت المناسب

Los gobiernos absolutos tenían sus seguidores de párrocos, profesores, escuderos y funcionarios

البلد Squires كان للحكومات المطلقة أتباعها من بارسونز والأساتذة و والمسؤولين

el gobierno de la época se enfrentó a los levantamientos de la clase obrera alemana con azotes y balas

قابلت الحكومة في ذلك الوقت انتفاضات الطبقة العاملة الألمانية بالجلد والرصاص

para ellos este socialismo servía de espantapájaros contra la burguesía amenazadora

بالنسبة لهم كانت هذه الاشتراكية بمثابة فزاعة مرحب بها ضد البرجوازية المهددة.

y el gobierno alemán pudo ofrecer un postre dulce después de las píldoras amargas que repartió

وتمكنت الحكومة الألمانية من تقديم حلوى حلوة بعد الحبوب المرة التي
وزعتها

este "verdadero" socialismo servía así a los gobiernos como
arma para combatir a la burguesía alemana

وهكذا خدمت هذه الاشتراكية "الحقيقية "الحكومات كسلاح لمحاربة
البرجوازية الألمانية

y, al mismo tiempo, representaba directamente un interés
reaccionario; la de los filisteos alemanes

وفي الوقت نفسه،مثلت بشكل مباشر مصلحة رجعية ـ أن من الفلسطينيين
الألمان

En Alemania, la pequeña burguesía es la verdadera base
social del actual estado de cosas

في ألمانيا الطبقة البرجوازية الصغيرة هي الأساس الاجتماعي الحقيقي
للحالة القائمة للأشياء.

Una reliquia del siglo XVI que ha ido surgiendo
constantemente bajo diversas formas

من بقايا القرن السادس عشر التي كانت تظهر باستمرار تحت أشكال
مختلفة

Preservar esta clase es preservar el estado de cosas existente
en Alemania

الحفاظ على هذه الطبقة هو الحفاظ على الحالة الحالية للأشياء في ألمانيا

La supremacía industrial y política de la burguesía amenaza
a la pequeña burguesía con una destrucción segura

إن التفوق الصناعي والسياسي للبرجوازية يهدد البرجوازية الصغيرة
بتدمير معين

por un lado, amenaza con destruir a la pequeña burguesía a
través de la concentración del capital

فمن ناحية، يهدد بتدمير البرجوازية الصغيرة من خلال تركيز رأس
المال.

por otra parte, la burguesía amenaza con destruirla mediante
el ascenso de un proletariado revolucionario

من ناحية أخرى، تهدد البرجوازية بتدميرها من خلال صعود
البروليتاريا الثورية

El "verdadero" socialismo parecía matar estos dos pájaros de
un tiro. Se extendió como una epidemia

يبدو أن الاشتراكية "الحقيقية "تقتل هذين العصفورين بحجر واحد. انتشر مثل الوباء

El manto de telarañas especulativas, bordado con flores de retórica, empapado en el rocío de un sentimiento enfermizo

رداء خيوط العنكبوت المضاربة، مطرزة بزهور الخطابة ، غارقة في ندى المشاعر المريضة

esta túnica trascendental en la que los socialistas alemanes envolvían sus tristes "verdades eternas"

"هذا الرداء المتسامي الذي لف فيه الاشتراكيون الألمان "حقائقهم الأبدية المؤسفة

toda la piel y los huesos, sirvieron para aumentar maravillosamente la venta de sus productos entre un público tan

كل الجلد والعظام، عملت على زيادة بيع سلعهم بشكل رائع بين مثل هذا الجمهور

Y por su parte, el socialismo alemán reconocía, cada vez más, su propia vocación

ومن جانبها، اعترفت الاشتراكية الألمانية ، أكثر فأكثر ، بدعوتها الخاصة.

estaba llamado a ser el grandilocuente representante de la pequeña burguesía filistea

تم استدعاؤه ليكون الممثل المنمق للبرجوازية الصغيرة الفلسطينية

Proclamaba que la nación alemana era la nación modelo, y que el pequeño filisteo alemán era el hombre modelo

أعلنت أن الأمة الألمانية هي الأمة النموذجية، والفلسطيني الألماني الصغير هو الرجل النموذجي

A cada maldad malvada de este hombre modelo le daba una interpretación socialista oculta y superior

لكل خسة خسيسة لهذا الرجل النموذجي أعطت تفسيرا اشتراكيا خفيا وأعلى

esta interpretación socialista superior era exactamente lo contrario de su carácter real

كان هذا التفسير الاشتراكي الأعلى هو النقيض التام لطابعه الحقيقي

Llegó al extremo de oponerse directamente a la tendencia "brutalmente destructiva" del comunismo

لقد ذهب إلى أقصى حد من المعارضة المباشرة للنزعة الشيوعية
"المدمرة بوحشية"

y proclamó su supremo e imparcial desprecio de todas las
luchas de clases

وأعلنت ازدراءها الأسمى والمحايد لجميع الصراعات الطبقية

Con muy pocas excepciones, todas las publicaciones
llamadas socialistas y comunistas que ahora (1847) circulan
en Alemania pertenecen al dominio de esta literatura sucia y
enervante

مع استثناءات قليلة جدا، فإن جميع المنشورات الاشتراكية والشيوعية
المزعومة التي يتم تداولها الآن)1847(في ألمانيا تنتمي إلى مجال هذا
الأدب البغيض والمزعج.

2) Socialismo conservador o socialismo burgués

الاشتراكية المحافظة،أو الاشتراكية البرجوازية

Una parte de la burguesía está deseosa de reparar los agravios sociales

جزء من البرجوازية يرغب في معالجة المظالم الاجتماعية

con el fin de asegurar la continuidad de la sociedad burguesa

من أجل ضمان استمرار وجود المجتمع البرجوازي

A esta sección pertenecen economistas, filántropos, humanistas

ينتمي إلى هذا القسم الاقتصاديون والمحسنون والعاملون في المجال الإنساني

mejoradores de la condición de la clase obrera y organizadores de la caridad

محسنو أوضاع الطبقة العاملة ومنظمو الأعمال الخيرية

Miembros de las Sociedades para la Prevención de la Crueldad contra los Animales

أعضاء جمعيات منع القسوة على

fanáticos de la templanza, reformadores de todo tipo imaginable

المتعصبون للاعتدال، مصلحو الثقب والزاوية من كل نوع يمكن تخيله

Esta forma de socialismo, además, ha sido elaborada en sistemas completos

علاوة على ذلك، تم تطوير هذا الشكل من الاشتراكية في أنظمة كاملة

Podemos citar la "Philosophie de la Misère" de Proudhon como ejemplo de esta forma

يمكننا الاستشهاد ب "فلسفة البؤس "البرودون كمثال على هذا الشكل

La burguesía socialista quiere todas las ventajas de las condiciones sociales modernas

البرجوازية الاشتراكية تريد كل مزايا الظروف الاجتماعية الحديثة

pero la burguesía socialista no quiere necesariamente las luchas y los peligros resultantes

لكن البرجوازية الاشتراكية لا تريد بالضرورة النضالات والمخاطر الناتجة

Desean el estado actual de la sociedad, menos sus elementos
revolucionarios y desintegradores

إنهم يرغبون في الحالة القائمة للمجتمع، باستثناء عناصره الثورية
والمتفككة

en otras palabras, desean una burguesía sin proletariado

وبعبارة أخرى،فإنهم يرغبون في برجوازية بدون بروليتاريا .

La burguesía concibe naturalmente el mundo en el que es
supremo ser el mejor

تتصور البرجوازية بشكل طبيعي العالم الذي يكون فيه الأفضل

y el socialismo burgués desarrolla esta cómoda concepción
en varios sistemas más o menos completos

والاشتراكية البرجوازية تطور هذا المفهوم المريح إلى أنظمة مختلفة أكثر
أو أقل اكتمالا

les gustaría mucho que el proletariado marchara
directamente hacia la Nueva Jerusalén social

إنهم يرغبون بشدة في أن تسير البروليتاريا مباشرة إلى القدس الجديدة
الاجتماعية

pero en realidad requiere que el proletariado permanezca
dentro de los límites de la sociedad existente

لكنه في الواقع يتطلب من البروليتاريا أن تبقى داخل حدود المجتمع القائم.

piden al proletariado que abandone todas sus ideas odiosas
sobre la burguesía

يطلبون من البروليتاريا التخلص من كل أفكارهم البغيضة المتعلقة
بالبرجوازية

hay una segunda forma más práctica, pero menos
sistemática, de este socialismo

هناك شكل ثان أكثر عملية، ولكنه أقل منهجية ، لهذه الاشتراكية

Esta forma de socialismo buscaba despreciar todo
movimiento revolucionario a los ojos de la clase obrera

سعى هذا الشكل من الاشتراكية إلى التقليل من قيمة كل حركة ثورية في
نظر الطبقة العاملة.

Argumentan que ninguna mera reforma política podría ser
ventajosa para ellos

وهم يجادلون بأن مجرد الإصلاح السياسي لا يمكن أن يكون مفيدا لهم.

Sólo un cambio en las condiciones materiales de existencia
en las relaciones económicas es beneficioso

فقط تغيير في الظروف المادية للوجود في العلاقات الاقتصادية هي ذات فائدة

Al igual que el comunismo, esta forma de socialismo aboga por un cambio en las condiciones materiales de existencia

مثل الشيوعية، يدعو هذا الشكل من الاشتراكية إلى تغيير الظروف المادية للوجود

sin embargo, esta forma de socialismo no sugiere en modo alguno la abolición de las relaciones de producción burguesas

ومع ذلك، فإن هذا الشكل من الاشتراكية لا يوحي بأي حال من الأحوال بإلغاء علاقات الإنتاج البرجوازية.

la abolición de las relaciones de producción burguesas sólo puede lograrse mediante una revolución

لا يمكن إلغاء علاقات الإنتاج البرجوازية إلا من خلال الثورة

Pero en lugar de una revolución, esta forma de socialismo sugiere reformas administrativas

ولكن بدلا من الثورة، يقترح هذا الشكل من الاشتراكية إصلاحات إدارية

y estas reformas administrativas se basarían en la continuidad de estas relaciones

وستستند هذه الإصلاحات الإدارية إلى استمرار وجود هذه العلاقات

reformas, por lo tanto, que no afectan en ningún aspecto a las relaciones entre el capital y el trabajo

الإصلاحات، لذلك ، لا تؤثر بأي شكل من الأشكال على العلاقات بين رأس المال والعمل

en el mejor de los casos, tales reformas disminuyen el costo y simplifican el trabajo administrativo del gobierno burgués

في أحسن الأحوال، تقلل هذه الإصلاحات من التكلفة وتبسط العمل الإداري للحكومة البرجوازية.

El socialismo burgués alcanza una expresión adecuada cuando, y sólo cuando, se convierte en una mera figura retórica

الاشتراكية البرجوازية تصل إلى التعبير المناسب، عندما ، وفقط عندما تصبح مجرد شكل من أشكال الكلام

Libre comercio: en beneficio de la clase obrera

التجارة الحرة :لصالح الطبقة العاملة

Deberes protectores: en beneficio de la clase obrera

واجبات الحماية :لصالح الطبقة العاملة

Reforma Penitenciaria: en beneficio de la clase trabajadora

إصلاح السجون :لصالح الطبقة العاملة

Esta es la última palabra y la única palabra seria del socialismo burgués

هذه هي الكلمة الأخيرة والكلمة الوحيدة الجادة للاشتراكية البرجوازية.

Se resume en la frase: la burguesía es una burguesía en beneficio de la clase obrera

تتلخص في العبارة :البرجوازية هي برجوازية لصالح الطبقة العاملة

3) Socialismo crítico-utópico y comunismo

الاشتراكية الطوباوية النقدية والشيوعية

No nos referimos aquí a esa literatura que siempre ha dado voz a las reivindicaciones del proletariado

نحن لا نشير هنا إلى ذلك الأدب الذي أعطى دائما صوتا لمطالب البروليتاريا.

esto ha estado presente en todas las grandes revoluciones modernas, como los escritos de Babeuf y otros

وقد كان هذا حاضرا في كل ثورة حديثة عظيمة مثل كتابات بابوف وغيرها.

Las primeras tentativas directas del proletariado para alcanzar sus propios fines fracasaron necesariamente

المحاولات المباشرة الأولى للبروليتاريا لتحقيق غاياتها الخاصة فشلت بالضرورة

Estos intentos se hicieron en tiempos de excitación universal, cuando la sociedad feudal estaba siendo derrocada

جرت هذه المحاولات في أوقات الإثارة العالمية، عندما تم الإطاحة بالمجتمع الإقطاعي

El entonces subdesarrollado del proletariado llevó a que fracasaran esos intentos

أدت حالة البروليتاريا غير المتطورة آنذاك إلى فشل تلك المحاولات

y fracasaron por la ausencia de las condiciones económicas para su emancipación

وفشلوا بسبب غياب الظروف الاقتصادية لتحررها

condiciones que aún no se habían producido, y que sólo podían ser producidas por la inminente época de la burguesía

الظروف التي لم يتم إنتاجها بعد، ويمكن أن تنتجها الحقبة البرجوازية الوشيكة وحدها

La literatura revolucionaria que acompañó a estos primeros movimientos del proletariado tuvo necesariamente un carácter reaccionario

كان للأدب الثوري الذي رافق هذه الحركات الأولى للبروليتاريا بالضرورة طابع رجعي

Esta literatura inculcó el ascetismo universal y la nivelación social en su forma más cruda

غرس هذا الأدب الزهد العالمي والتسوية الاجتماعية في أكثر أشكالها فظاظة

Los sistemas socialista y comunista, propiamente dichos, surgen en el período temprano no desarrollado

إن النظامين الاشتراكي والشيوعي، ما يسمى بشكل صحيح ، ينبثقان إلى الوجود في أوائل الفترة غير المتطورة.

Saint-Simon, Fourier, Owen y otros, describieron la lucha entre el proletariado y la burguesía (ver sección 1)

وصف سان سيمون وفورييه وأوين وآخرون الصراع بين البروليتاريا والبرجوازية)انظر القسم 1(

Los fundadores de estos sistemas ven, en efecto, los antagonismos de clase

يرى مؤسسو هذه الأنظمة، في الواقع ، العداوات الطبقية

también ven la acción de los elementos en descomposición, en la forma predominante de la sociedad

كما يرون عمل العناصر المتحللة، في الشكل السائد للمجتمع

Pero el proletariado, todavía en su infancia, les ofrece el espectáculo de una clase sin ninguna iniciativa histórica

لكن البروليتاريا، التي لا تزال في مهدها ، تقدم لهم مشهد طبقة دون أي مبادرة تاريخية

Ven el espectáculo de una clase social sin ningún movimiento político independiente

يرون مشهد طبقة اجتماعية بدون أي حركة سياسية مستقلة

El desarrollo del antagonismo de clase sigue el mismo ritmo que el desarrollo de la industria

تطور العداء الطبقي يواكب تطور الصناعة

De modo que la situación económica no les ofrece todavía las condiciones materiales para la emancipación del proletariado

لذا فإن الوضع الاقتصادي لا يوفر لهم بعد الظروف المادية لتحرير البروليتاريا.

Por lo tanto, buscan una nueva ciencia social, nuevas leyes sociales, que creen estas condiciones

لذلك يبحثون عن علم اجتماعي جديد، بعد قوانين اجتماعية جديدة ، من شأنها أن تخلق هذه الظروف.

acción histórica es ceder a su acción inventiva personal

العمل التاريخي هو الخضوع لعملهم الإبداعي الشخصي

Las condiciones de emancipación creadas históricamente han de ceder ante condiciones fantásticas

شروط التحرر التي تم إنشاؤها تاريخيا هي الخضوع لظروف رائعة

y la organización gradual y espontánea de clase del proletariado debe ceder ante la organización de la sociedad

والتنظيم الطبقي التدريجي والعفوي للبروليتاريا هو الخضوع لتنظيم المجتمع

la organización de la sociedad especialmente ideada por estos inventores

تنظيم المجتمع الذي ابتكره هؤلاء المخترعون خصيصا

La historia futura se resuelve, a sus ojos, en la propaganda y en la realización práctica de sus planes sociales

التاريخ المستقبلي يحل نفسه، في نظرهم ، في الدعاية والتنفيذ العملي لخططهم الاجتماعية

En la formación de sus planes son conscientes de preocuparse principalmente por los intereses de la clase obrera

في صياغة خططهم، يدركون الاهتمام بشكل رئيسي بمصالح الطبقة العاملة

Sólo desde el punto de vista de ser la clase más sufriente existe el proletariado para ellos

فقط من وجهة نظر كونهم الطبقة الأكثر معاناة توجد البروليتاريا بالنسبة لهم

El estado subdesarrollado de la lucha de clases y su propio entorno informan sus opiniones

إن الحالة غير المتطورة للصراع الطبقي ومحيطهم الخاص يعلمون آرائهم

Los socialistas de este tipo se consideran muy superiores a todos los antagonismos de clase

يعتبر الاشتراكيون من هذا النوع أنفسهم أفضل بكثير من جميع العداوات الطبقية.

Quieren mejorar la condición de todos los miembros de la
sociedad, incluso la de los más favorecidos

إنهم يريدون تحسين حالة كل فرد من أفراد المجتمع، حتى أولئك الأكثر
حظا

De ahí que habitualmente atraigan a la sociedad en general,
sin distinción de clase

ومن ثم، فإنهم عادة ما يناشدون المجتمع ككل ، دون تمييز طبقي

Es más, apelan a la sociedad en general con preferencia a la
clase dominante

كلا، إنهم يناشدون المجتمع ككل من خلال تفضيل الطبقة الحاكمة

Para ellos, todo lo que se requiere es que los demás
entiendan su sistema

بالنسبة لهم، كل ما يتطلبه الأمر هو أن يفهم الآخرون نظامهم

Porque, ¿cómo puede la gente no ver que el mejor plan
posible es para el mejor estado posible de la sociedad?

لأنه كيف يمكن للناس أن يفشلوا في رؤية أن أفضل خطة ممكنة هي
لأفضل حالة ممكنة للمجتمع؟

Por lo tanto, rechazan toda acción política, y especialmente
toda acción revolucionaria

ومن ثم فهم يرفضون كل عمل سياسي،وخاصة كل عمل ثوري .

desean alcanzar sus fines por medios pacíficos

إنهم يرغبون في تحقيق غاياتهم بالوسائل السلمية

se esfuerzan, mediante pequeños experimentos, que están
necesariamente condenados al fracaso

إنهم يسعون، من خلال تجارب صغيرة ، محكوم عليها بالضرورة
بالفشل

y con la fuerza del ejemplo tratan de abrir el camino al
nuevo Evangelio social

وبقوة المثال يحاولون تمهيد الطريق للإنجيل الاجتماعي الجديد

Cuadros tan fantásticos de la sociedad futura, pintados en un
momento en que el proletariado se encuentra todavía en un
estado muy subdesarrollado

هذه الصور الرائعة للمجتمع المستقبلي، رسمت في وقت لا تزال فيه
البروليتاريا في حالة غير متطورة للغاية

y todavía no tiene más que una concepción fantástica de su
propia posición

ولا يزال لديها تصور خيالي لموقفها الخاص

pero sus primeros anhelos instintivos corresponden a los anhelos del proletariado

لكن أشواقهم الغريزية الأولى تتوافق مع تطلعات البروليتاريا

Ambos anhelan una reconstrucción general de la sociedad

كلاهما يتوق إلى إعادة بناء عامة للمجتمع

Pero estas publicaciones socialistas y comunistas también contienen un elemento crítico

لكن هذه المنشورات الاشتراكية والشيوعية تحتوي أيضا على عنصر حاسم

Atacan todos los principios de la sociedad existente

إنهم يهاجمون كل مبدأ من مبادئ المجتمع القائم

De ahí que estén llenos de los materiales más valiosos para la ilustración de la clase obrera

ومن ثم فهي مليئة بالمواد الأكثر قيمة لتنوير الطبقة العاملة

Proponen la abolición de la distinción entre la ciudad y el campo, y la familia

يقترحون إلغاء التمييز بين المدينة والريف والأسرة

la supresión de la explotación de industrias por cuenta de los particulares

إلغاء مزاولة الصناعات لحساب الأفراد

y la abolición del sistema salarial y la proclamación de la armonía social

وإلغاء نظام الأجور وإعلان الوئام الاجتماعي

la conversión de las funciones del Estado en una mera superintendencia de la producción

تحويل وظائف الدولة إلى مجرد إشراف على الإنتاج

Todas estas propuestas, apuntan únicamente a la desaparición de los antagonismos de clase

كل هذه المقترحات تشير فقط إلى اختفاء العداوات الطبقية.

Los antagonismos de clase estaban, en ese momento, apenas surgiendo

كانت الخصومات الطبقية، في ذلك الوقت ، مجرد ظهور

En estas publicaciones estos antagonismos de clase se reconocen sólo en sus formas más tempranas, indistintas e indefinidas

في هذه المنشورات، يتم التعرف على هذه التناقضات الطبقية في أشكالها المبكرة وغير الواضحة وغير المحددة فقط

Estas propuestas, por lo tanto, son de carácter puramente utópico

وبالتالي،فإن هذه المقترحات ذات طابع طوباوي بحت ـ

La importancia del socialismo crítico-utópico y del comunismo guarda una relación inversa con el desarrollo histórico

تحمل أهمية الاشتراكية الطوباوية النقدية والشيوعية علاقة عكسية بالتطور التاريخي

La lucha de clases moderna se desarrollará y continuará tomando forma definitiva

سوف يتطور الصراع الطبقي الحديث ويستمر في اتخاذ شكل محدد

Esta fantástica posición del concurso perderá todo valor práctico

هذا الموقف الرائع من المسابقة سيفقد كل قيمة عملية

Estos fantásticos ataques a los antagonismos de clase perderán toda justificación teórica

هذه الهجمات الخيالية على العداوات الطبقية ستفقد كل مبرر نظري

Los creadores de estos sistemas fueron, en muchos aspectos, revolucionarios

كان منشئو هذه الأنظمة، في كثير من النواحي ، ثوريين

pero sus discípulos han formado, en todos los casos, meras sectas reaccionarias

لكن تلاميذهم شكلوا في كل حالة مجرد طوائف رجعية.

Se aferran firmemente a los puntos de vista originales de sus amos

إنهم يتمسكون بشدة بالآراء الأصلية لأسيادهم

Pero estos puntos de vista se oponen al desarrollo histórico progresivo del proletariado

لكن هذه الآراء تتعارض مع التطور التاريخي التدريجي للبروليتاريا.

Por lo tanto, se esfuerzan, y eso de manera consecuente, por amortiguar la lucha de clases

لذلك، يسعون ، وذلك باستمرار ، إلى إخماد الصراع الطبقي

y se esfuerzan constantemente por reconciliar los antagonismos de clase

وهم يسعون باستمرار إلى التوفيق بين التناقضات الطبقية.

Todavía sueñan con la realización experimental de sus utopías sociales

ما زالوا يحلمون بالتحقيق التجريبي لليوتوبيا الاجتماعية الخاصة بهم

todavía sueñan con fundar "falansterios" aislados y establecer "colonias domésticas"

"ما زالوا يحلمون بتأسيس "كتائب "معزولة وإنشاء "مستعمرات منزلية

sueñan con establecer una "Pequeña Icaria": ediciones duodécimas de la Nueva Jerusalén

يحلمون بإنشاء "إيكاريا الصغيرة "ـ طبعات ثنائية من القدس الجديدة

y sueñan con realizar todos estos castillos en el aire

ويحلمون بتحقيق كل هذه القلاع في الهواء

se ven obligados a apelar a los sentimientos y a las carteras de los burgueses

إنهم مجبرون على مناشدة مشاعر ومحافظ البرجوازية

Poco a poco se hunden en la categoría de los socialistas conservadores reaccionarios descritos anteriormente

بالدرجات يغرقون في فئة الاشتراكيين المحافظين الرجعيين الموضحين أعلاه

sólo se diferencian de ellos por una pedantería más sistemática

أنها تختلف عن هذه فقط من خلال التحذلق أكثر منهجية

y se diferencian por su creencia fanática y supersticiosa en los efectos milagrosos de su ciencia social

ويختلفون بإيمانهم المتعصب والخرافي بالآثار المعجزة لعلمهم الاجتماعي-

Por lo tanto, se oponen violentamente a toda acción política por parte de la clase obrera

لذلك، يعارضون بعنف جميع الإجراءات السياسية من جانب الطبقة العاملة

tal acción, según ellos, sólo puede ser el resultado de una ciega incredulidad en el nuevo Evangelio

مثل هذا العمل، وفقا لهم ، لا يمكن أن ينتج إلا عن عدم الإيمان الأعمى بالإنجيل الجديد

Los owenistas en Inglaterra y los fourieristas en Francia, respectivamente, se oponen a los cartistas y a los reformistas

يعارض الأوينيون في إنجلترا، والفورييه في فرنسا ، على التوالي ،
"الشارتيين و "الإصلاحيين

Posición de los comunistas en relación con los diversos partidos de oposición existentes

موقف الشيوعيين من مختلف الأحزاب المعارضة القائمة

La sección II ha dejado claras las relaciones de los comunistas con los partidos obreros existentes

وقد أوضح القسم الثاني علاقات الشيوعيين بأحزاب الطبقة العاملة القائمة.

como los cartistas en Inglaterra y los reformadores agrarios en América

في إنجلترا Chartists مثل، والإصلاحيين الزراعيين في أمريكا

Los comunistas luchan por el logro de los objetivos inmediatos

الشيوعيون يناضلون من أجل تحقيق الأهداف المباشرة

Luchan por la imposición de los intereses momentáneos de la clase obrera

إنهم يناضلون من أجل فرض المصالح اللحظية للطبقة العاملة

Pero en el movimiento político del presente, también representan y cuidan el futuro de ese movimiento

لكن في الحركة السياسية في الوقت الحاضر، يمثلون أيضا مستقبل تلك الحركة ويهتمون به

En Francia, los comunistas se alían con los socialdemócratas

في فرنسا يتحالف الشيوعيون مع الاشتراكيين الديمقراطيين

y se posicionan contra la burguesía conservadora y radical

ويضعون أنفسهم ضد البرجوازية المحافظة والراديكالية

sin embargo, se reservan el derecho de tomar una posición crítica respecto de las frases e ilusiones tradicionalmente transmitidas desde la gran Revolución

ومع ذلك، فإنهم يحتفظون بالحق في اتخاذ موقف نقدي فيما يتعلق بالعبارات والأوهام التي تم تسليمها تقليديا من الثورة العظيمة

En Suiza apoyan a los radicales, sin perder de vista que este partido está formado por elementos antagónicos

في سويسرا يدعمون الراديكاليين، دون إغفال حقيقة أن هذا الحزب
يتكون من عناصر معادية.

en parte de los socialistas democráticos, en el sentido
francés, en parte de la burguesía radical

جزء من الاشتراكيين الديمقراطيين، بالمعنى الفرنسي ، جزئيا من
البرجوازية الراديكالية

En Polonia apoyan al partido que insiste en la revolución
agraria como condición primordial para la emancipación
nacional

في بولندا يدعمون الحزب الذي يصر على الثورة الزراعية كشرط رئيسي
للتحرر الوطني.

el partido que fomentó la insurrección de Cracovia en 1846

ذلك الحزب الذي حرض على تمرد كراكوف في عام 1846

En Alemania luchan con la burguesía cada vez que ésta actúa
de manera revolucionaria

في ألمانيا يناضلون مع البرجوازية كلما تصرفت بطريقة ثورية.

contra la monarquía absoluta, la nobleza feudal y la pequeña
burguesía

ضد الملكية المطلقة، والإقطاعية الإقطاعية ، والبرجوازية الصغيرة

Pero no cesan, ni por un solo instante, de inculcar en la clase
obrera una idea particular

لكنهم لا يتوقفون أبدا، للحظة واحدة ، عن غرس فكرة معينة في الطبقة
العاملة.

el reconocimiento más claro posible del antagonismo hostil
entre la burguesía y el proletariado

أوضح اعتراف ممكن بالعداء العدائي بين البرجوازية والبروليتاريا

para que los obreros alemanes puedan utilizar
inmediatamente las armas de que disponen

حتى يتمكن العمال الألمان على الفور من استخدام الأسلحة الموجودة
تحت تصرفهم

las condiciones sociales y políticas que la burguesía debe
introducir necesariamente junto con su supremacía

الظروف الاجتماعية والسياسية التي يجب على البرجوازية إدخالها
بالضرورة جنبا إلى جنب مع تفوقها

la caída de las clases reaccionarias en Alemania es inevitable

سقوط الطبقات الرجعية في ألمانيا أمر لا مفر منه

y entonces la lucha contra la burguesía misma puede
comenzar inmediatamente

ومن ثم قد تبدأ المعركة ضد البرجوازية نفسها على الفور

Los comunistas dirigen su atención principalmente a
Alemania, porque este país está en vísperas de una
revolución burguesa

يوجه الشيوعيون انتباههم بشكل رئيسي إلى ألمانيا، لأن هذا البلد على
أعتاب ثورة برجوازية.

una revolución que está destinada a llevarse a cabo en las
condiciones más avanzadas de la civilización europea

ثورة لا بد أن تتم في ظل ظروف أكثر تقدما للحضارة الأوروبية

y está destinado a llevarse a cabo con un proletariado mucho
más desarrollado

ومن المحتم أن يتم تنفيذه مع بروليتاريا أكثر تطورا

un proletariado más avanzado que el de Inglaterra en el
XVII y el de Francia en el siglo XVIII

كانت البروليتاريا أكثر تقدما من تلك التي كانت في إنجلترا في القرن
السابع عشر، وفرنسا في القرن الثامن عشر

y porque la revolución burguesa en Alemania no será más
que el preludio de una revolución proletaria
inmediatamente posterior

ولأن الثورة البرجوازية في ألمانيا لن تكون سوى مقدمة لثورة بروليتارية
تالية مباشرة

En resumen, los comunistas apoyan en todas partes todo
movimiento revolucionario contra el orden social y político
existente

باختصار، يدعم الشيوعيون في كل مكان كل حركة ثورية ضد النظام
الاجتماعي والسياسي القائم.

En todos estos movimientos ponen en primer plano, como
cuestión principal en cada uno de ellos, la cuestión de la
propiedad

في كل هذه الحركات يجلبونها إلى الواجهة، كسؤال رئيسي في كل منها
، مسألة الملكية

no importa cuál sea su grado de desarrollo en ese país en ese
momento

بغض النظر عن درجة تطورها في ذلك البلد في ذلك الوقت

Finalmente, trabajan en todas partes por la unión y el acuerdo de los partidos democráticos de todos los países

وأخيرا، فإنهم يعملون في كل مكان من أجل اتحاد واتفاق الأحزاب الديمقراطية في جميع البلدان.

Los comunistas desdeñan ocultar sus puntos de vista y sus objetivos

الشيوعيون يزدرون إخفاء آرائهم وأهدافهم

Declaran abiertamente que sus fines sólo pueden alcanzarse mediante el derrocamiento por la fuerza de todas las condiciones sociales existentes

إنهم يعلنون صراحة أنه لا يمكن تحقيق غاياتهم إلا من خلال الإطاحة القسرية بجميع الظروف الاجتماعية القائمة.

Que las clases dominantes tiemblen ante una revolución comunista

دع الطبقات الحاكمة ترتجف من الثورة الشيوعية

Los proletarios no tienen nada que perder más que sus cadenas

ليس لدى البروليتاريين ما يخسرونه سوى قيودهم

Tienen un mundo que ganar

لديهم عالم للفوز به

¡TRABAJADORES DE TODOS LOS PAÍSES, UNÍOS!

أيها العمال من جميع البلدان، إتحدوا

www.ingramcontent.com/pod-product-compliance
Lightning Source LLC
Chambersburg PA
CBHW011743020426
42333CB00024B/3010